# 암자로 가는 길 2

# 암자로 가는 길 2

정찬주 글
유동영 사진

열림원

잠 못 이루는 사람에게 밤은 길고
지친 나그네에게는 지척도 천리
바른 진리를 깨닫지 못한 자에게는
윤회의 밤길이 아득하여라.

— 책머리에

## 그때 좀더 정성을 다할 것을

낯선 길손이 산중 처소의 툇마루에 앉아 있습니다. 점잖고 온화해 보이는 노신사입니다. 저는 그분을 방으로 불러들여 차 한 잔을 권합니다. 아래 절의 암자를 찾아왔는데, 제 처소의 풍경소리가 너무 청량하게 들리어 올라왔다고 합니다.

   노신사는 암 선고를 받고 전국의 암자를 순례하고 있다고 합니다. 의사는 6개월밖에 살지 못한다고 했는데, 자신은 지금 6년을 살고 있다고 고백합니다. 노신사는 제가 우려낸 차를 향기롭게 마시며 합장합니다. 차를 한 잔 더 권하며 비로소 저를 소개합니다. 노신사가 깜짝 놀랍니다. 그분의 배낭 속에 넣고 다니는 책이 바로 저의 저서이기 때문입니다. 노신사는 처소를 나서며 저에게 선물을 보내겠다며 무엇을 좋아하냐고 묻습니다.

   저는 아무것도 필요치 않다고 말했습니다. 노신사가 돌아간 뒤 저는 제 자신을 나무랐습니다. 저 노신사의 생명과 바꾸어가며 읽는 글이 될 줄 알았다면 그때 좀더 정성을 다해 쓸 것을……. 노신사가 찾아다닐 수 있는 암자를 한두 군데라도 더 많이 소개할 것을 하고 말입니다. 그렇습니다. 인연을 믿는다면 함부로 말하고 글을 쓸 일이 아닙니다. 순간순간 정성을 다해 참으로 곡진하게 살 일입니다. 지나간 일들이 반드시 메아리로 되돌아오기 때문입니다. 인과의 이치는 두렵고 경이롭기만 합니다.


## 암자기행 10년을 회향하며

암자 순례를 다닌 지 10여 년이 지났습니다. 그동안 매주 혹은 매달 단 한 번도 거르지 않고 청산에 안긴 암자를 찾아다닌 듯합니다. 걸망을 맨 수행자처럼 구름이듯 바람이듯 만행을 한 것이지요. 돌이켜보니 발간한 암자기행의 책만도 세 권이나 되다니 스스로 놀라게 됩니다.『암자로 가는 길』,『암자에는 물 흐르고 꽃이 피네』,『길 끝나는 곳에 암자가 있다』등인데, 눈 깜짝할 새에 치솟는 아파트처럼 날림공사를 하지는 않았는지 등골이 서늘해지기도 합니다.

이번에 발간하는『암자로 가는 길2』가 마지막 암자기행의 책이 될 것 같은 예감이 듭니다. 새로 발간하는 책이 이미 내보낸 책보다 더 절절하지 못하거나 깊어지지 않았다면 독자에 대한 작가로서 예의가 아닐 것 같기에 그렇습니다.

다만『암자로 가는 길2』에 다소곳이 얼굴을 내민 작은 암자들을 저는 이미 발간했던 책의 암자들보다 더욱더 사랑하지 않을 수 없다는 것이 유일한 위안거리라면 위안거리입니다. 하나같이 꿈에도 잊혀지지 않는 고향의 옛집처럼 편안한 휴식을 줄 것 같고, 지친 자식을 보듬어주는 어머니처럼 포근한 암자들이기 때문입니다. 또 하나, 그 동안의 암자기행 책들이 젊은 독자들에 대한 배려가 부족했다는 느낌이 들어 이번 『암자로 가는 길2』에서는 명상적인 분위기와 영상적인 이미지들을 강조하여 편집했다는 것을 밝힙니다.

이른 아침에 노래하는 산새 소리를 들으면 꼭 '밤새 잘 잤니?' 하고 서로들 안부를 묻는 것 같습니다. 산중에 사는 저도 여러분에게 안부를 묻고 싶은 아침입니다.

남도산중 이불재에서
정찬주

차례

책머리에 7

## 나를 설계하는 봄암자

김천 천덕산 산성암　수천의 약사여래가 구름 타고 내려오는 암자 16

합천 가야산 금강굴　모래 한 알, 소나무 한 그루까지 깨어 있는 암자 26

성주 선석산 중암　원추리 꽃처럼 말을 거는 암자 38

무안 승달산 목우암　무심하게 일의 과정을 즐겨라 50

영광 모악산 해불암　산새 소리에 귀 씻겨지는 산길 60

장성 백암산 약사암　연등이 들려주는 이야기 68

익산 미륵산 사자암　고난의 저잣거리도 먼 풍경으로 보니 78

파주 고령산 도솔암　해탈의 꽃을 피우는 수행자가 그립다 86

양양 오봉산 홍련암　우리 모두 상생하고 복 짓는 복밭이 되소서 94

## 나를 성장시키는 여름암자

김해 무척산 모은암    마음속에 들어와 기도하시는 분 102

청도 호거산 북대암    119 구조대장 같은 지장보살 112

포항 내연산 서운암    물소리가 가슴을 아리도록 스며드는 자리 124

담양 추월산 보리암    밤이면 추월산에 내리는 월광보살 134

장수 거령산성 영월암    달은 나그네 마음속에도 떠오르리 142

서천 종천면 영수암    누구라도 생로병사를 비켜설 수는 없다 152

아산 설화산 오봉암    맹사성의 호가 왜 고불인지 아십니까 160

한라산 영실 존자암    뼈를 남길 것인가, 사리를 남길 것인가 170

## 나를 사색하는 가을암자

**장안읍 불광산 척판암** 해가 가장 빨리 뜨는 암자 180

**양산 영축산 비로암** 봉사란 남의 눈치 보지 않고 묵묵히 하는 것 190

**경주 남산 칠불암** 남산 일곱 부처의 미소를 만나다 198

**광양 백운산 상백운암** 삶이란 고통의 바다를 건너는 것 208

**임실 성수산 상이암** 헛눈 파는 사이에 번뇌의 풀은 자란다 216

**진안군 운장산 난암** 무소유를 화두로 주는 암자 226

**공주 계룡산 대자암** 산은 어머니가 되고, 암자는 자식이 되고 236

**예산 봉수산 대련암** 사람에게도 마음을 적시는 향기가 난다 244

## 나를 성숙시키는 겨울암자

함양 지리산 금대암    산을 닮고 싶어 암자에 간다  254

함양 지리산 문수암    물고기의 눈을 닮고 싶다  262

함양 백운산 상연대    암자는 어머니를 닮았다  274

해남 두륜산 상원암    별빛이 우리 눈에 와 닿은 것처럼  282

해남 달마산 부도암    흰 구름 그늘 아래서 소리 없는 소리를 듣는다  292

보성 천봉산 만일암    만개의 햇살이 따사로운 암자  302

나주 덕룡산 문성암    눈에 파묻히어 묵언 중인 산골짜기  310


작가의 오솔길    산사는 내면의 접속부사다  321

나를 설계하는 봄암자
나를 성장시키는 여름암자
나를 사색하는 가을암자
나를 성숙시키는 겨울암자

나를 설계하는 봄암자

김천 천덕산 삼성암

수천의 약사여래가
구름 타고 내려오는 암자

일념이란 몰입이나 집중이 아니리라.
몰입이나 집중은 집착의 또 다른 이름이니까.
한 생각을 지속하되 자신과 주변을 성찰하는 것.
이것이 바로 진정한 일념이 아닐까.

김천 직지사를 들러 평소에 잘 아는 스님을 뵙는다. 스님과 처음 만난 장소는 문경 김룡사였다. 스님이 그곳 주지로 계셨던 것이다. 스님은 나그네를 보자마자 만면에 가득 미소를 짓는다. 나그네도 미소로서 답한다. 그렇다. 보자마자 마음의 미소를 주고받는 사이야말로 최선의 인간관계라 아니할 수 없다. 미소로서 마음이 오고가니 겉치레의 말은 필요치 않다.

이분이 바로 '살아 있는 설법'으로 유명하여 곧잘 백고좌 고승법회에 초대받는 자광스님이다. 스님과 차를 한 잔 나눈 후, 직지사 산내 암자 중에서 한 곳을 추천해 달라고 부탁하자 망설임 없이 삼성암을 소개해 주신다.

직지사는 황악산에 있지만 삼성암은 천덕산에 있다. 크게 보면 백두대간의 한 줄기에 솟은 산들이지만 절을 품고 있는 그 봉오리는 다르다.

약사여래부처님이 깃든 천덕산 삼성암 전경

염불이란 꽃향기와 같다.
깊은 산의 꽃향기가 계곡 아래로 퍼뜨려지듯
보륜스님의 염불도 저잣거리로 진해진다.
스님 자신도 종교적 체험을 했다.
1년 동안 삼성암 주변의 천덕산 산자락 곳곳에
아미타부처님이 상주해 있다는 것을
3번이나 경험한 것이다.

도선국사가 창건한 이후 세 사람의 성인이 출현했다고 해서 삼성암이라고 불려졌다고 한다. 조선조에는 선방으로 널리 알려져 오다가, 한말 이후에는 수행자들의 발길이 차츰 끊어졌고, 일제 강점기에는 독립운동가 편강열片康烈 지사가 105인 사건으로 형을 받고 감옥을 나와 1915년부터 10년 동안 이 암자에서 일본경찰의 눈을 피해 제자들과 함께 조국 광복을 위해 힘을 길렀다고 전해진다.

자광스님의 전화를 받은 삼성암 암주 보륜寶輪스님이 직지사까지 마중을 나와 반갑게 맞이해 준다. 맑은 기운이 넘치는 스님을 만나는 것도 정복淨福이다. 보륜스님도 나그네를 꼭 한 번 만나고 싶었다고 화답한다.

진돗개에게도 불성이 있을까?

천덕산千德山.

덕이 천 개라는 말이 아니라 덕이 가득하다는 뜻이리라. 승용차는 직지사를 벗어나 협곡의 산길을 한참 동안 달린다. 과연 자광스님이 자신 있게 추천할 만한 암자라는 느낌이다. 보륜스님의 설명도 그렇다.

"해발 900여 미터밖에 안 되는 산이지만 여름에는 안개와 운무에 가려 10여 일 정도만 햇볕이 나는 곳입니다. 풍수에 밝은 도선 국사가 자리를 잡았으니 이곳의 영기靈氣는 더 말할 필요가 없겠지요."

삼성암 신도들과 대화를 나누는 약사여래부처님의 미소

승용차가 천덕산 8부 능선쯤까지 오르자 암자가 나타난다.

"10여 년 전만 해도 삼성암은 황폐한 암자였습니다. 그때 제가 우여곡절 끝에 이곳에 들어와 살게 되었지요. 신도들도 거의 떠난 암자였으므로 수행자들도 오기 꺼려했습니다. 저는 암자에 남아 '미타 염불'을 시작했습니다. 하루에 17시간씩 3년을 계속했습니다. 그러고 나니까 신도들이 찾아오기 시작하더군요. 지금도 염불을 하루에 2만 독讀씩 하고 있습니다."

바람도 쉬어가는 삼성암 풍경

법당이 장엄하고 아름답다. 단청과
불화가 세련되고 현대적이다.
약사여래는 법당의 주인인 본존佛이다.
약사여래란 요즘 말로 하자면
고통스런 병을 낫게 하는 의사다.

나그네도 고개가 끄덕여진다. 염불이란 꽃향기와 같다. 깊은 산의 꽃향기가 계곡 아래로 퍼뜨려지듯 보륜스님의 염불도 저잣거리로 전해진다. 스님 자신도 종교적 체험을 했다. 4년 동안 삼성암 주변의 천덕산 산자락 곳곳에 아미타부처님이 상주해 있다는 것을 3번이나 경험한 것이다. 종교적 체험은 흔들리지 않는 믿음의 토대가 된다.

"염불을 해보니 번뇌 망상을 씻는 데 좋다는 것을 깨달았습니다. 일념一念에 들 수 있는 손쉬운 방편이 아닌가 생각됩니다."

일념이란 몰입이나 집중이 아니리라. 몰입이니 집중은 집착의 또 다른 이름이니까. 한 생각을 지속하되 자신과 주변을 성찰하는 것, 이것이 바로 진정한 일념이 아닐까. 스님은 죽음을 맞이한 병자들을 돌보는 호스피스 수행도 곁들여 하고 있다.

"실제로 돌아가시는 분들에게 미타 염불을 시켰더니 행복하게 죽음을 맞이하더라고요. 그러니 명호의 가피력을 믿을 수밖에요."

나를 설계하는 봄암자

〈아미타경〉을 외지 않더라도 명호名號, 즉 아미타불을 반복해서 부르기만 해도 반드시 응답이 온다는 것이다. 〈아미타경〉의 모든 공덕이 아미타불이란 한 마디에 축약되어 있기 때문이다.

"미타 염불을 해보면 욕심이 덜어지는 것을 느낄 수 있습니다. 욕심이 덜어지니까 맑은 마음이 되어 원하는 것이 이루어지고 '진실한 나'를 만날 수도 있고요. 지금 생각으로는 죽을 때 내 삶이 황망한 것은 아니었구나, 내가 누군지 모르지는 않았구나 하는 것을 느낄 수 있을 것 같습니다."

스님은 모든 사람들에게 행복하게 죽을 수 있는 방법을 가르쳐주는 것이 바로 자신의 소임이라고 한다.

약사보전에 들어가 삼배를 올린다. 법당이 장엄하고 아름답다. 단청과 불화가 세련되고 현대적이다. 약사여래는 법당의 주인인 본존本尊이다. 약사여래란 요즘 말로 하자면 고통스런 병을 낫게 하는 의사다. 약사보전의 약사여래에 얽힌 이야기가 흥미를 끌게 한다. 6·25전쟁 중에 약사여래의 훼불 당한 목이 땅에 묻히고 말았는데, 신도들의 꿈에 약사여래가 나타나곤 했다는 것. 꿈에 나타난 약사여래가 '땅 속에 묻혀 있으니 갑갑하다. 나를 법당에 있게 하라' 하고 암자 신도들에게 호소하더란다. 그리하여 약사보전에 모시게 된 부처님이 약사여래란다.

고통에서 벗어나게 하는 데는 부처와 중생이 둘이 아니라는 생각이 든다. 법당 천장과 대들보에 그려진 약사여래는 모두 3330분이라고 한다. 이 세상 모든 사람들의 병고를 해결해 주겠다는 의지로 본존 약사여래를 향해 구름과 바람을 타고 달려오는 모습이 인상적이다.

수천의 약사여래 중에 호스피스 수행을 하는 스님의 모습도 있지 않을까 싶다. 암자를 내려서려는데, 스님이 갑자기 천덕산에서 캐온 참나물을 한 아름 싸준다. 나그네는 병고를 씻어주는 약초로 알고 받아 암자를 나선다. 문득, 나그네는 어느 세월에 약사보전의 구름 탄 약사여래 무리에 낄까 하고 가늠해 보지만 감히 아득하기만 하다.

직지사를 못 가서 왼쪽 마을길로 들어서 승용차로 10여 분 가면 고갯마루에 바람재 농원이 나온다. 거기서부터 오른쪽 산길로 직진하면 암자에 이른다. 계곡의 풍광을 따라 암자까지 산행하기에 좋고, 산길이 잘 닦여져 승용차도 오를 수 있다. 삼성암 054-437-4050

합천 가야산 금강굴

# 모래 한 알, 소나무 한 그루까지
# 깨어 있는 암자

금강굴은 여느 암자보다 빗자루 자국이 선명한 곳이다.
화단의 화초 사이사이에도 빗자루 자국이 나 있다.
마당에 펼쳐진 모래 한 알, 소나무 한 그루까지
제 자리에서 깨어 있는 느낌이다.

금강굴金剛窟은 가야산 해인사 비봉飛鳳 남단에 있는 암자이다. 비봉이란 말 그대로 봉오리가 봉황이 날듯 솟구치는 형상이다. 그런 힘찬 봉오리가 알을 품고 있는 곳에 금강굴이 자리하고 있다.

  금강굴의 역사는 30여 년 됐는데, 해인사 산내 암자 중에서 원당암과 함께 가야산 주봉이 보이는 유일한 암자이다. 암주는 불필스님인데, 석남사에서 3년 결사 후 마련한 도량이라고 한다. 불필스님은 저잣거리 사람들에게는 성철 큰스님의 딸로 유명하지만, 비구니스님 사이에서는 올곧은 선객으로서 신망이 큰 분이다.

  나그네는 봄비가 오는 홍류동에서 잠시 걸음을 멈추고 힘차게 소리지르며 흐르는 계곡 물에 마음을 씻는다. 천년 전 고운 최치원도 이곳을 거쳐 갔는지 세상을 등지고 청산에 머문다는 둔세비遁世碑가 계곡

산봉오리들이 병풍같은 금강굴의 전망

가에 세워져 있다. 고운은 산을 나가는 스님과 마주치고는 시를 한 수 읊조린다.

스님, 청산이 좋다고 말하지 마소
산이 좋은데 왜 산을 다시 나가오
먼 훗날 내 발자취 두고 보시지요
한번 산에 들면 다시 안 돌아가리.
僧乎莫道靑山好
山好何事更出山
試看他日吾踪跡
一入靑山更不還

가야산 주봉이 보이는 금강굴 전경

선禪수행이란 것도 결국은 제 자리에
그렇게 있자고 하는 정진이 아닐 것인가.
왜냐하면 그것이 자연스러운 것이고,
우주의 진리를 거스르지 않는 순리이니까.

이른바 고운의 입산시 入山詩이다. 산을 지켜야 할 수행자는 산을 나가고, 저잣거리에서 한참 일 할 사람이 산으로 들어가는, 당시 기울어가는 신라 진성여왕 때의 어수선함이 시의 행간에 느껴진다.

봄비가 더 세차게 내린다. 나그네는 우산을 접고 다시 승용차에 올라 불필스님이 계시는 금강굴로 향한다. 나그네는 불필스님과 인연이 깊은 편이다. 장편소설 〈산은 산 물은 물〉을 집필할 때 자주 뵀었고, 소설이 완성된 후에는 "성철 큰스님께 우리도 하지 못한 효도를 했다"고 격려해 주신 일이 기억난다.

이윽고 금강굴에 도착하여 법당에 들어가 삼배를 하고 나오자 불필스님이 기다리고 계신다. 스님이 "여기 용띠가 있는지 비를 몰고 다닌다"며 미소를 지으신다. 그러고 보니 나그네가 용띠다.

빗자루 자국이 선명한 금강굴 마당

　맞은편의 산골짜기 멀리 성철스님이 생전에 계셨던 백련암이 비구름에 가려 보일락 말락 한 것이 마치 한 폭의 수묵담채화 같다. 불필스님은 성철스님을 찾아가 "공부가 잘 안됩니다" 하고 말하면 "니 정말 공부해봤노?" 하시며 나무라셨다고 한다. 불필스님은 백련암을 나서며 참선 공부를 마치지 않고는 성철스님을 다시 찾지 않겠다고 거듭거듭 발심했다고 지나간 추억 한 토막을 이야기하신다.

묵언중인 금강굴 돌탑

> 나그네는 금강굴에서 하룻밤 머물며
> '나는 내 자리에 그렇게 있는 것인가' 하고
> 스스로에게 물어본다.

　금강굴과 백련암은 가야산 한 줄기를 사이에 놓고 있는 지척이지만 팽팽한 긴장을 불러일으키는 거리다. 혈연관계로는 아버지와 딸이지만 불문佛門에서는 엄혹한 스승과 제자라는 아름다운 긴장관계이다.

　불필스님이 들려주는 이야기에도 나그네는 '아름다운 긴장'을 느낀다. 한번은 해외 성지순례 길에 성철스님께 선물하려고 코끼리뼈로 만든 관세음보살상을 하나 샀다고 한다. 국내로 돌아와 보살상을 성철스님 앞에 내놓으니 "이 불상에는 자비가 없다"고 거절하시더란다. 불살생의 계율을 지키며 사는 수행자가 어찌 코끼리뼈로 만든 불상을 받겠느냐는 것이 거절의 이유였다. 성철스님의 매력이 있다면 바로 이러한 근본과 원칙을 지켰던 면이 아닐까. 근본주의자로서 매사에 단 한 번도 타협하거나 물러서지 않았던 것이다.

　비가 개어 마당으로 나서 본다. 금강굴을 짓기 전에는 이곳을 '오가

금강굴에서 보이는 가야산 봉오리

리'라고 불렀다고 한다. 처음에는 옥이 나는 곳이라고 들었으나 나중에 알고 보니 오가리五佳里였다는 것이 불필스님의 이야기다.

"금강굴 주변 풍광을 말합니다. 다섯 개의 빼어난 풍광에 둘러싸인 곳이지요. 청룡과 백호의 산줄기와 산봉오리들이 병풍처럼 둘러쳐진 안대, 그리고 보현의 행덕, 문수의 지혜를 말합니다."

굳이 얘기를 듣지 않더라도 암자를 보면 수행자들의 내면이 드러나기 마련이다. 금강굴은 여느 암자보다 빗자루 자국이 선명한 곳이다. 화단의 화초 사이사이에도 빗자루 자국이 나 있다. 마당에 펼쳐진 모래 한 알, 소나무 한 그루까지 제 자리에서 깨어 있는 느낌이다. 어린 아이가 마당에 모래를 보고 하늘의 별이 내려와 반짝이고 있다고 하여 웃었다는 불필스님의 말씀이 아니라도 나그네는 제 자리에 그렇게 있는 것의 순리를 좋아한다.

 그렇다. 선禪수행이란 것도 결국은 제 자리에 그렇게 있자고 하는 정진이 아닐 것인가. 왜냐하면 그것이 자연스러운 것이고, 우주의 진리를 거스르지 않는 순리이니까. 나그네는 금강굴에서 하룻밤 머물며 '나는 내 자리에 그렇게 있는 것인가' 하고 스스로에게 물어본다. 털어내지 못한 망상 때문에 너무도 잦은 일탈 속에서 살고 있는 것이다.

남해고속도로에서 해인사 인터체인지로 나와 20분쯤 직진하면 해인사 신부에 도달한다. 매표소와 신문을 조금 지나 왼편으로 난 포장된 길을 타고 오르다보면 원력의 본찰 이상묘가 보인다.
금강굴 055-932-7341

성주 선석산 중암

# 원추리 꽃처럼
# 말을 거는 암자

> 대숲을 헤치고 들어서자 먼저 암자 마당가에 핀
> 패랭이꽃과 원추리꽃이 나그네를 반긴다.
> 패랭이꽃은 붉은 빛깔이 너무 선명하고 원추리꽃은
> 은근하고 소박하다. 그러고 보니 세월이 켜켜이
> 쌓여 있는 중암도 원추리꽃을 닮아 있다.

 사람들은 나그네에게 묻곤 한다. 왜 산 속에 집을 짓고 사느냐고. 벌써 수십 번을 들은 질문이다. 그럴 때마다 나그네는 같은 대답을 반복할 수밖에. 인도의 바라문들은 자식을 다 키우고 난 후 숲 속으로 들어가 사는 임간기林間期라는 전통을 지키고 살았는데, 나그네도 그런 셈이라고. 그런 생을 식영息影의 삶이라는 말로 좀더 은유적으로 표현한 철학자도 있다.

 식영을 직역하면 '그림자가 쉰다'라는 정도이겠으나 숲 속에서는 그림자가 생기지 않는다는 뜻이니 무위자연無爲自然이란 의미와 통하지 않을 수 없다. 쉬운 말로 자연을 벗삼아 사는 삶이다. 나그네도 그런 생각으로 솔바람이 잦은 산골로 들어왔다.

 나그네는 혹독한 신고식을 치르고 있는 중이다. 세상에 공짜가 없다는 것을 절절하게 실감한 요즘이다. 긴 장맛비로 손 쓸 겨를 없이 피해를 입

비구니스님들이 작은 들꽃처럼 기도하는 중암

나그네는 암자를 사물에 비유하는 버릇이 있다.
어떤 암자는 딱따구리 같고, 또 어떤 암자는
백련 같고, 또 어떤 암자는 한 그루 소나무나
졸고 있는 노승 같기도 하다.
중암은 원추리꽃을 닮아 있다.

은 것이다. 가장 큰 피해는 낙뢰가 준 고통이다. 벼락이 떨어지자마자 전화가 불통이 되고, 컴퓨터가 기억상실의 중환자가 돼버린 것이다.

지금은 천둥의 기미만 보이면 얼른 모든 전원을 꺼버리고 민방위 훈련 때처럼 유비무환을 실천하고 있다. 하긴 이 정도의 신고식은 감내해야 할 것도 같다. 나그네의 집이 들어선 터에 얼마나 많은 미물들이 살았을꼬. 하루아침에 집을 잃은 미물들이 '내 집 돌려도' 하는 소리가 들리는 듯하다. 그러니 하늘이 노했을 법도 하다. 시골집으로 들어선 두어 주 동안 파리나 모기, 벌, 풍뎅이, 노래기들이 집 안팎에서 시위를 벌일 만도 한 것이다. 이제는 화해하여 가족처럼 더불어 살고 있다. 토방에 가끔 나타나 몸을 말리는 뱀도 징그럽기는커녕 의젓하게만 보인다.

이번 암자 여행은 혹독한 신고식을 치른 후 첫 외출인 셈이다. 집에서 멀리 떠나는 것도 그런 홀가분함 때문이다. 몇 달 전 인사동에서 우연히 만난 비구니스님의 암자로 가보기로 한 것이다. 다행히 지갑에 스님이 적어준 메모가 남아 있다.

　나그네는 암자를 사물에 비유하는 버릇이 있다. 어떤 암자는 딱따구리 같고, 또 어떤 암자는 백련 같고, 또 어떤 암자는 한 그루 소나무나 졸고 있는 노승 같기도 하다. 그래서 가장 먼저 '지금 가는 암자는 어떤 모습일까' 하고 스스로 가슴을 설레 본다.

　중암은 비구니스님이 수행하는 암자이다. 나그네는 살림 잘하고 수행 열심히 하는 비구니스님들을 존경한다. 그런 비구니스님들을 보면 불가의 제 모습을 보는 것 같아 흐뭇하기까지 하다. 비구니스님마다 출가의 사연이 애틋하겠지만 나그네가 가장 감동적으로 기억하는 것은 붓다의 이모이자 양모였던 마하파자파티이다. 불교 역사상 최초의 비구니이다.
　그녀는 붓다를 찾아가 출가를 허락해 달라고 세 번이나 찾아갔지만 거절당했다. 붓다가 지금의 바이샬리로 떠나버리자 거기까지 먼길을 뒤쫓아오느라 발이 퉁퉁 부은 채 더러운 먼지를 뒤집어쓰고 애원했다. 붓다를 시중들던 제자 아난다가 당신께 젖을 먹였던 사람에게 출가의 축복을 거부하는 것은 지나치다고 건의하자 붓다는 그제야 그녀의 입문을 허락했던 것이다. 여인을 노예와 같이 여기던 바라문 사회에서는 상상조차 할 수 없는 일이었다. 붓다가 세 번이나 거절한 것은 당시 사회 관습과 충돌하지 않으면서 점진적으로 개혁하려는 붓다의 신중한 조치였을 것이다.
　중암의 비구니스님도 이런 사연의 마하파자파티를 잘 알고 있을 터이다. 그녀는 깨달음에 이르러 이렇게 노래했다.

마하파자파티의 후예들이 정진하는 중암

중암은 비구니스님이 수행하는 암자이다. 나그네는 살림 잘하고 수행 열심히 하는 비구니스님들을 존경한다. 그런 비구니스님들을 보면 불가의 제 모습을 보는 것 같아 흐뭇하기까지 하다.

'저는 모든 괴로움을 널리 살펴 끊고, 그 괴로움의 원인인 미망을 떨쳐내고, 여덟 가지 바른 길을 실천하여 미망이 끊어짐을 경험했습니다.'
아침 일찍 승용차로 출발한 나그네는 점심 무렵에야 중암 입구에 다다른다. 고찰 선석사 왼편으로 난 산길을 따라 올라가라고 이정표가 가리켜준다. 암자 이름이 중암이라면 아주 옛날에는 동서남북에 하나씩 있었다고 봐야 한다. 그러나 지금은 중암 하나만 남아 있는 모양이다.

이윽고 대숲을 헤치고 들어서자 먼저 암자 마당가에 핀 패랭이꽃과 원추리꽃이 나그네를 반긴다. 패랭이꽃은 붉은 빛깔이 너무 선명하고 원추리꽃은 은근하고 소박하다. 세월이 켜켜이 쌓여 있는 중암은 원추리꽃을 닮아 있다.
"여긴 염불 기도처입니다. 혜봉 노스님이 전기도 들어오지 않을 때

우리나라에서 규모가 가장 큰 세종의 왕자들 태실 유적지

맨 앞에 태조의 태실이 있고 뒤편에 비껴서 한 맺힌 단종의 태생이 있는데, 비극적인 숙부와 조카 사이가 아닌가. 숙부를 원망하는 단종의 고혼(孤魂)이어 애처롭기만 하다.

촛불을 켜놓고 염불한 자리입니다. 자나깨나 어찌나 염불하며 단주를 돌리셨던지 손가락이 헤어져 골무를 끼고 하셨더랍니다."

동행한 친구가 기도하는 방법을 묻자, 시골할머니 얘기를 꺼내 예로 든다. 탁발을 나간 스님이 할머니를 보고 내생에는 '집 지키는 구렁이'가 되겠다고 하였다는 것. 그러자 할머니는 절을 찾아가 구렁이로 태어나지 않게 해달라고 사정했고 스님은 나무관세음보살이 몇 글자인지 물었다. '일곱 자'라고 말했지만 스님은 틀렸다고 하면서 '나무관세음보살'의 글자 수를 알아맞혀 오면 그 방법을 일러주겠다고 했단다. 나머지 사연인즉 집으로 돌아간 할머니는 밤낮으로 중얼중얼 나무관세음보살을 외다가 진짜 관세음보살을 보았다는 얘기다. 이해가 가는 얘기다. 나그네도 무언가 작업을 하면서 먹고 자는 일을 잊어먹고 이틀이란 시간을 보낸 적이 있는 것이다.

조고각하, 발 밑을 바로 보라.

　　차를 마시다 보니 반가운 비구니스님이 또 있다. 어디선가 만난 듯한 세등스님이다. 사람이란 꼭 마주본 경험이 있어야만 구면의 느낌이 드는 것은 아니리라. 알고 보니 스님은 대학 시절 나그네의 후배들로부터 나그네의 얘기를 많이 들었다고 한다. 그래서 구면인 듯한 느낌이 든 것 같다.

　　스님은 주로 일본과 미국에서 공부한 학승이다. 불교여성학을 연구했다고 하는데, 공교롭게도 나그네가 암자를 찾아오면서 가진 단상도 최초의 비구니였던 마하파자파티가 아니었던가. 살면서 가끔 스스로 놀라

곤 하지만 이런 순간도 마찬가지다. 언뜻 비치는 세등스님의 내면의 그림자도 미망이 끊겼다는 마하파자파티처럼 곱기만 하다.

암자를 내려서려는데 원추리 꽃이 나그네에게 무슨 말인가를 속삭인다. 꽃의 속내가 감지되지만 화두처럼 드러내지 않고 품고 있어야만 할 것 같다.

하산 길에 중암 초입에 있는 세종의 아들인 왕자들의 태胎를 묻었던 태실 유적지에 들러 상념에 잠긴다. 이처럼 대규모의 태실들이 성주 땅에 조성된 것을 보면 이곳이 천하의 명당인가 보다. 맨 앞에 태조의 태실이 있고 뒤편에 비껴서 한 맺힌 단종의 태실이 있는데, 비극적인 숙부와 조카 사이가 아닌가. 숙부를 원망하는 단종의 고혼孤魂이 애처롭기만 하다.

김천에서 해인사 가는 길인 성주로 가는 국도를 타고 가다 월항면에서 선석사 이정표를 보고 인촌 2동 마을로 들어서면 중암에 이를 수 있다. 마을에서 산길을 20분 정도 걸으면 중암에 이른다. 중암 054-933-9801

무안 승달산 목우암

# 무심하게
# 일의 과정을 즐겨라

"일상삼매란 고양이가 쥐 사냥하듯 온 정신을
집중하는 것이고, 일행삼매란 어미 닭이 병아리를
부화하기 위해 알을 품고 있는 것처럼 사만히
매를 기다리는 것이지요."

봄비가 원왕생 원왕생 내리고 있다. 처음에는 메마른 가슴을 적시는 듯하여 반갑더니 이제는 희미한 사랑처럼 애틋하다. 나그네가 지금 찾아온 곳은 신록의 잎들이 다투어 솟아나고, 법당 둘레의 동백꽃과 매화가 때늦게 만발한 목우암牧牛庵이다.

잔 가지들은 수정 같은 봄비를 매달고 있고, 마당에는 대나무들이 젖은 어깨를 움츠리고 있다. 눈썹이 허연 노스님이 뒷짐을 진 채 산 아래 마을을 응시하고 있는데, 마을 밭에는 마늘과 파들이 푸른 물결을 이루고 있다.

중국과 해상 교통이 발달한 영산강 문화권인 위치 때문인지 암자를 창건한 스님은 중국 출신의 스님이다. 고려시대 1131년(인종 9)에서 1162년(의종 16) 사이에 원나라 임천사의 비구승 원명圓明이 처음 자리를 잡았다고 한다. 원명은 꿈속에서 백운산에 있는 총지사에서 소 한 목우암에서는 산이 되고 흰구름이 된다.

"성불도 중요하지만 과정도 행복해야 합니다.
편안하고 행복해야 공부도 더 잘되는 것 아닙니까?
지금이야말로 집착을 버린 무심의 차원에서
일의 과정을 즐기는 선이 필요한 시대입니다."

마리가 나와 이곳에 이르는 것을 보고 꿈에서 깨어난 후 찾아와 보았는데, 실제로 계곡 산길에 소 발자국 흔적이 나 있어 초암을 짓고 수행을 하였다는 것이다. 그러자 그의 제자 500명도 뒤따라와 암자 옆에 법천사를 크게 짓고 수행하였다 해서 산 이름도 승달산僧達山이라고 불린다.

흥미 있는 산 이름이다. 목포에는 유달산이 있고, 이곳에는 승달산이 있는 것이다. 다 알다시피 유儒와 승僧은 이유 없이 대립적이었다. 그렇게 해서 소모된 민족의 에너지를 생각하면 언제나 아쉬움이 남고, 유와 불뿐만 아니라 상생相生을 외면하는 너그럽지 못한 우리네 악습은 아직도 현재진행형이라는 느낌이다.

나그네를 맞은 노스님은 일흔이 넘으신 금산金山스님이다. 노스님의 허리가 꼿꼿하다. 한눈에 선사임을 직감케 한다. 형형한 눈빛도 예사롭지 않다. 나그네의 궁금한 사항이 무엇인지 꿰뚫어보고 있는 눈빛이다. 나그네도 문안 인사를 생략한 채 바로 여쭌다.

"선에는 염불선도 있고, 참선도 있는데 스님께선 어떤 수행을 하시고 계십니까?"

"산 정상을 오르는 데는 여러 갈래의 산길이 있어요. 자기 자신의 근기에 맞는 길을 선택해야지요. 업장도 다르고 과거 습관도 다르니까."

스님은 부처의 수제자였던 목련의 이야기를 예로 든다. 목련 밑에는 두 수행자가 있었다. 한 수행자는 대장장이 출신으로 풀무질했던 사람이고, 또 한 수행자는 세탁소에서 옷을 빨아서 다리던 사람이었다. 목련은 과거의 업을 고려하지 않고 풀무질을 했던 제자에게는 욕망의 더러움을 씻어내는 정화관淨化觀을, 빨래질하던 제자에게는 들숨과 날숨을 들이쉬며 수를 헤아리는 수식관數息觀을 시켰다. 그러니 수행이 안될 수밖에 없었다. 목련은 절친한 도반인 사리불에게 두 제자를 맡겨 수행케 했다. 지혜로운 사리불은 두 사람의 과거 직업을 물어보고는 수행법을 바꾸게 하였다. 두 수행자는 날로 수행이 깊어져 나중에는 아라한에 이르렀다는 것이다.

나뭇잎에 떨어지는 빗소리가 다시 커지고 있다. 봄비 소리를 가만히 듣고 있으면 가슴에도 물 흐르고 꽃이 피어나는 것 같다.

"평생 관세음보살만 외던 할머니에게 어느 날 갑자기 무無자 화두를 들라 하면 되겠어요? 할머니의 습관이 그러하면 당연히 관세음보살을 외게 해야지요."

"스님, 목우암이란 암자 이름이 참 예쁩니다."

세월의 이끼가 낀 목우암 부도들

"산 정상을 오르는 데는
여러 갈래의 산길이 있어요.
자기 자신의 근기에 맞는 길을
선택해야지요. 업장도 다르고
과거 습관도 다르니까."

"보조 지눌스님을 목우자牧牛子라고 부르는데, 이 암자를 다녀간 후 목우자로 불렸다고 해요."

목우란 '소를 길들이기'인데, 넓은 의미에서 심우尋牛란 단어와 동의어이다. 소가 상징하는 것은 참나, 자성, 불성, 진여 등등으로 다 같은 동류항이다. 법당 벽에 '소 찾는 그림'이 바로 심우도인데, 열 단계로 그려져 있다. 깨달음으로 가는 상징 구조가 재미있고 묻는 사람이 많으므로 간단하게 소개하자면, 참나인 소를 찾아尋牛, 소의 발자국을 발견하고見跡, 드디어 소의 실체를 보고見牛, 소를 얻어得牛, 소를 길들이고牧牛, 소를 타고 깨달음의 집에 돌아와서騎牛歸嫁, 이제 소가 달아날 염려가 없으므로 소 같은 것 다 잊은 채 안심하고忘牛存人, 사람도 소도 실체가 공한 것을 보아人牛俱忘, 있는 실상을 그대로 보고返本還源, 중생을 구제하기 위해 거리로 나선다入纏垂手는 열 단계로 나누어져 있다.

최근에 숭산스님의 책을 읽고 서평을 쓴 적이 있는데, 선이란 한마디로 이런저런 생각하지 않고 직접 체험하는 것이다. 불법이 무엇이냐고 묻기 전에 조주스님 같이 '차나 한잔 마셔라' 이거나 숭산스님처럼 '코카콜라나 밀크쉐이크를 한자 먹어라' 이다. 금산스님은 선에 있어서 일행삼매一行三昧와 일상삼매日常三昧를 강조하신다.

"일상삼매란 고양이가 쥐 사냥하듯 온정신을 집중하는 것이고, 일행삼매란 어미 닭이 병아리를 부화하기 위해 알을 품고 있는 것처럼 가만히 때를 기다리는 것이지요. 줄탁이란 여기서 나온 말이에요. 병아리가 알속에서 쭉쭉 소리내는 것을 줄이라 하고, 어미 닭이 병아리를 까려고 껍질을 쪼는데 그것을 탁이라 합니다."

스님이 강조하는 것은 성불보다는 그 과정이다. 나그네의 귀에 가장 남는 말씀이다.

"성불도 중요하지만 과정도 행복해야 합니다. 편안하고 행복해야 공부도 더 잘되는 것 아닙니까? 그러니까 무슨 일이든 일상삼매나 일행삼매를 하면 일을 즐기게 되고, 그래서 더 열심히 할 수 있게 됩니다. 지금이야말로 집착을 버린 무심의 차원에서 일의 과정을 즐기는 선이 필요한 시대입니다."

스님의 선에 대한 요점 정리가 끝나자 어느새 점심 공양시간이다. 나그네는 과분하게 스님과 상을 같이해서 음식을 든다. 스님은 가끔 외국으로 나가 법문도 하시는 모양이다. 독일에 갔을 때 한 외국인이 감동하여 '지난 자신의 삶을 반성하며 앞으로는 일상삼매로 살겠다' 고 맹세하더라는 전언이다. 선이 이제는 불가의 울타리를 넘어 저잣거리에서 응용되고 있음을 다시 느낀다.

자리에서 일어나며 같은 상에서 네 사람이 공양을 하였는데, 노스님의 순가락 끝과 젓가락 끝이 한치의 어긋남이 없이 가지런한 것에 문득 부끄러워진다. 우리 집 식탁을 떠올려보니 그것은 난장판과 다름 아니다.

광주시나 목포시에서 가는 거리는 엇비슷하다. 고속도로를 타고 무안군 몽탄면으로 가서 목포시의 상수원지이기도 한 당산리 수원지를 찾아가 외길인 산길을 타고 가면 목우암에 이른다. 남도에서 이만큼 호젓하고 긴 산길도 드물다. 목우암 061-452-3855

영광 모악산 해불암

# 산새 소리에
# 귀 씻겨지는 산길

> 불갑사를 지나 해불암으로 올라가는 동백골에서
> 잠시 땀을 닦고 나서 다시 산길을 오르자, 문득 대숲이 나타나고
> 거기서부터 새소리가 가깝게 들린다.
> 마치 막힌 귀를 후벼파는 듯한 느낌이다. 물로만 귀를 씻는 게 아니라
> 해불암 가는 산길에서는 새소리로도 그럴 수 있다는 생각이 든다.

주차장 문턱에 선 아름드리 느티나무가 불갑사佛甲寺의 일주문인가 보다. 나그네는 고등학교 대학교 곱빼기 동창인 광주대 이희재 교수와 함께 승용차에서 내려 청량한 공기를 마셔본다. 해불암海佛庵이 자리한 불갑산을 바라보니 만만찮은 거리이다.

산 속의 계절은 저잣거리와 다르다. 해발의 차이겠지만 계절이 아주 느리게 오간다. 저잣거리에서는 이미 사라진 벚꽃과 달빛을 머금은 듯한 배꽃과 진달래꽃으로 마음 등燈이 환하게 밝혀진다. 암자를 찾는 정복淨福 중에 하나는 이와 같이 낙화처럼 사라져 가는 계절을 다시 재회하는 즐거움이다.

해불암은 불갑사 산내 암자 중 하나이다. 해불海佛이란 암자명은 바다에서 부처님을 모셔왔다 해서 이름붙인 거란다. 바닷가에 위치한 절들을 보면 이와 비슷한 경우가 많은데 해남 미황사가 대표적이다. 인도

낙화한 동백꽃들이 법문하는 해불암 전경

뻘건 해
끓는 바다에
재롱부리듯 노니다가
도로 숯굴 듯이 깜박 그만
지고 마니
골마다 구름이 일고
쇠북소리 들린다.

바다처럼 펼쳐진 해불암의 운해

나 중국에서 불상이나 고승이 와서 절을 창건하게 됐다는 창건설화가 한 유형으로 자리잡고 있는 것이다. 해불암의 경우는 혹시 해불이 중국에서 건너온 서역승 마라난타를 상징하는 말이 아닐까. 불갑사는 중국 동진에서 건너온 서역승 마라난타가 침류왕 1년(384년)에 지은 백제 최초의 절이다. 흥미로운 것은 〈삼국사기〉나 〈삼국유사〉에 마라난타에 관한 기록이 있음에도 불구하고 상세하지 않다 하여 전설로 가볍게 여기다가 최근에야 마라난타에 대한 연구가 활발하게 이루어지고 있다는 사실이다. 불문학자 민희식 교수가 사비를 들여 연구해 온 결과인데, 나그네는 몇 달 전 그를 만난 적이 있다.

전남 영광군청 직원들이 마라난타의 고향인 파키스탄 쵸타 라호르 마을을 답사했다는 신문 기사를 보고 군청으로 전화했는데 문화관광과의 한 직원이 민희식 교수의 집 전화번호를 알려주었던 것이다.

광화문의 한 커피숍에서 만난 머리가 허연 노학자의 사연은 이랬다. 노학자가 프랑스에 유학을 간 것은 1959년이었다. 불문학을 공부하기 위해 장학생으로 떠났던 그는 강의실에서 만난 교수의 권유에 의해 고국의 문화에 관심을 갖게 된다. 파리의 국립도서관에는 그들이 탈취해 간 동양의 고서적들이 많았고, 그만큼 학계의 연구도 활발한 상황이었다. 어느 날 그는 도서관에서 서적을 뒤적이다가 깜짝 놀랐다. 마라난타의 고향이 파키스탄 쵸타 라호르라는 구절 때문이었다. 그는 유학 생활을 마치고 귀국할 때 먼저 배편으로 파키스탄을 찾아가 그곳을 둘러보았다. 그러나 그는 대학 강단에 선 뒤로는 갈 수 없었다. 그가 다시 파키스탄을 찾아간 것은 정년 퇴직하고 난 후였다.

"저는 꼭 쵸타 라호르에서 영광 법성포와 불갑사에 이르는 마라난타의 행로를 밝히고 말 겁니다. 불갑사가 성지로 크게 복원되면, 백제불교를 고향으로 여기는 일본인들도 부여와 영광을 더 많이 찾게 될 겁니다."

누가 연구비를 지원해 주냐고 묻자 그는 '자신의 퇴직금을 쓰고 있다'고 말했다. 뜻을 세우고도 일을 못하는 사람은 돈이 있어도 못한다는 것이 그의 집념이었다. 그때 나그네는 학자가 뜻을 세워 전 인생을 거는 자세 또한 선승이 화두를 드는 것과 조금도 다르지 않다는 생각을 했는데 지금도 그렇게 믿고 있다.

불갑사를 지나 해불암으로 올라가는 동백골에서 잠시 땀을 닦고 나서 다시 산길을 오르자, 문득 대숲이 나타나고 거기서부터 새소리가 가깝게 들린다. 막힌 귀를 후벼파는 듯한 느낌이다. 물로만 귀를 씻는 게 아니라 해불암 가는 산길에서는 새소리로도 그럴 수 있다는 생각이 든다.

암자에 다다르니 돌계단 가에 피어난 민들레가 먼저 나그네를 반긴다. 도회지의 민들레꽃은 키가 작고 시들한데 이곳에서 자란 민들레꽃은 똘똘하고 건강하게 보인다. 두말할 것도 없이 공해 때문일 터인데, 작은 미물도 이러하니 사람인들 말해 무엇하리. 불가의 문법으로 말하자면 사람들이 스스로 지어서 받는 자작자수自作自受이다.

법당에 들어가 삼배를 하고 나오니 암주인 듯한 스님이 나그네 일행을 반갑게 맞아 준다. 스님은 자신의 법명을 소개하면서 수행자의 이름은 드러나기보다는 많이 허해야 한다고 말한다. 설재雪載라는 그의 법명이 허허롭게 다가온다. '눈이 쌓인다'는 뜻인 바 곧 녹아 사라져버리는 허망한 적설이 아닌가. 그는 왜 효봉스님의 제자인 유엽스님에게 감화받아 출가한 것일까.

"해불암의 가장 좋은 계절은 바로 지금입니다. 겨울에는 눈이 어찌나 내리는지 요사에서 법당까지 신발 없이 그냥 걸어갑니다. 해불암을 거쳐간 고승으로 학명鶴鳴스님이 있습니다. 시인으로는 이병기와 월북한 조운이 있고 그분들이 노래한 해불암의 시가 있습니다만 기억이 잘 안 납니다. 철학자인 정종 박사님은 어린 시절 이곳에서 공부했다고 하구요."

나그네도 한말의 고승 학명스님의 부도를 어디선가 본 듯하다. 이병기 시인은 너무나 유명한 분이고 정종 박사는 나그네가 다니던 대학교에서 오래 전에 정년 퇴직한 노학자이시다. 갑자기 해불암이 나그네와 인연이 깊은 듯 친근하게 다가온다. 이 고장 출신 조운이란 시인도 처음 듣는 이름이지만 문득 그와 그의 시가 그립다. 나중에 알게 된 그의 시 〈해불암 낙조〉를 소개하자면 이렇다.

뻘건 해

끓는 바다에

재롱부리듯 노니다가

도로 솟굴 듯이 깜박 그만

지고 마니

골마다 구름이 일고

쇠북소리 들린다.

자연을 노래한 청록파 풍 같기도 한데, 해불암에서 보는 일몰의 광경을 한 점의 감상感傷 없이 장엄하게 노래하고 있는 게 특징인 듯하다.

원오 선사의 가르침이 문득 떠오른다. 사는 것도 온몸으로, 죽는 것도 온몸으로 죽으라는……. 조운의 시에 나오는 석양도 그러하지만 좀 전에 암자를 올라오면서 보았던 낙화한 동백꽃들도 마찬가지였다. 푸른 풀숲에 낙화한 동백꽃들은 한 꿈의 소멸을 선홍빛으로 눈부시게 장식하고 있었던 것이다.

해불암의 주소는 영광군 불갑면 모악리 산 1번지이다. 해불암 위에는 집이 없다는 뜻이다. 주차장에서 불갑사까지 15분, 꽃그늘 진 저수지를 지나 동백골을 거쳐 해불암까지는 쉬엄쉬엄 걸어서 1시간쯤 걸린다. 해불암 061-351-5847

장성 백암산 약사암

## 연등이 들려주는 이야기

> 부처님은 오다가 사람들에 둘러싸여
> 예정 시간보다 늦게 기원정사에 도착하였다.
> 그때까지도 노파의 등은 기름이 다 떨어졌을 터인데도
> 꺼지지 않았다. 노파는 숨을 죽이고 보리수 뒤에서
> 등을 지켜보고 있었다.

아침 시간이 빠르게 지나간다. 아침 일찍 이불재를 나와 소설가 박완서 선생을 광주 공항에서 전송하고, 또 광주 기차역으로 이동하여 친구 부부와 아내를 만난 후, 이윽고 백양사 입구에 도착해 보니 점심 시간이다.
 어느 식당 평상에 앉아 약사암이 깃든 백암산을 올려다보며 생각해 보니 시간은 빠른 것도 느린 것도 아니다. 마음이 바쁘게 움직였을 뿐이다. 그렇다. 이불재에서 좀더 이르게 나왔더라면 마음이 느긋했을 텐데, 가까스로 예약 비행기 출발 시간에야 공항에 도착할 수 있었던 것이다. 소녀처럼 야생화인 하얀 민들레를 캐 가시는 박완서 선생도 출구로 서둘러 나가며 승용차를 운전한 곽재구 시인에게 '굿바이를 대신 전해 주세요' 하고 떠나셨다.
 이 작은 소용돌이 속에서 유독 나그네에게만 시간이 빠르게 지나간 것은 아니다. 나그네 마음이 그만큼 조급하고 허둥댔을 따름이다. 중국

산벚꽃이 만개한 약사암

"거룩한 이시여, 저 등불만은 꺼지지 않습니다.
무슨 까닭입니까?"
"목련아, 부질없이 끄려고 하지 마라.
태풍으로도 끌 수 없는 등불이니라."
"무슨 까닭입니까?"
"정성으로 밝힌 등불은
그무엇으로도 끌 수 없느니라."

의 고불 조주스님이 말한 '평상심이 도$_{道}$다' 라는 말이 새삼 다가온다. 마음이 한결같기를 강조한 말이다. 반대로 시간이나 감정에 휘둘리는 마음은 수행자가 가질 태도가 아니라는 이야기다.

점심 후, 바로 나그네 일행은 백암산을 오른다. 식당가 앞의 호수에서 보는 백양사 약사암도 마치 운문사 사리암 같은 느낌을 준다. 가파른 산중턱에 제비집처럼 둥지를 틀고 있다.

암자 가는 길에 연등이 수십 개 달려 있다. 초파일을 맞이하여 달아둔 연등이리라. 일행은 가는 길에 한 번 개울가에서 쉰다. 늘 경험하는 바지만 이름표가 달린 나무는 한 번 더 쳐다보게 마련이다. 이불재 마당가 심은 이팝나무도 이름표를 달고 있다. 잎이 감나무 잎과 닮았고, 사람들이 '이밥' 을 '이팝' 으로 부른 데서 이팝나무라 했다는 설명도 눈에 띈다.

약사여래부처님이 계신 동굴법당

약사암에서 내려다보이는 백양사 전경

암자 가는 길에 붉은 연등이 달려 있으니 다리가 팍팍하지 않고 눈은 정겹다. 연등이 낯선 길손에게 얘기 하나를 해주는 듯도 하다. 〈빈자일등貧者一燈〉이라는 불경에 나오는 유명한 얘기다. '가난한 이의 등불 하나'라는 내용으로 나그네 식으로 알기 쉽게 의역하면 다음과 같다.

사위성 사람들이 노래를 부르며 다가왔다. 걸인 노파는 길을 비켜주며 물었다.

"젊은이들, 무슨 좋은 일이 있소?"

"그럼요, 죽림정사로 떠났던 부처님께서 몇 년만에 돌아오시는 날인데요. 성문에서부터 기원정사까지 등을 걸어 불을 밝히려고 합니다."

기원정사까지 등을 건다면 온 성안 사람들이 다 나서고 있음이었다.

"수천 수만 개의 등불이 켜지겠구려."

"할머니도 등 하나는 다셔야지요."

"그렇고 말고. 얻어먹고 사는 거지지만 나도 사위성 사람이니까."

걸인 노파는 서둘러 동전을 구걸하러 나섰다. 거추장스러워서 저녁 끼니로 가지고 다니던 밥덩이는 까마귀 가족들에게 나누어주었다. 저잣거리로 나선 노파는 한 마장을 걸으면서 동전 세 닢을 구걸하였다. 세 닢은 두어 시간밖에 등을 켜지 못하는 기름값이었지만 그래도 노파는 서둘러 기름가게로 갔다.

"이 늙은이도 등을 켜 부처님께 공양하고 싶소."

"보아 하니 기름을 사러 왔구려."

"이 동전만큼만 주시오. 밤새 켤 등의 기름을 어찌 내 처지에 욕심내겠소."

가게 주인은 서너 숟가락만큼 기름을 따라주면서 속으로 혀를 찼다.

동전 세 닢이면 너덧 끼니는 해결할 수 있는 돈인데 하면서.

이윽고 노파는 기원정사 입구의 보리수 가지에 등을 걸고 불을 밝혔다. 초라한 등이지만 노파에게는 마음속까지 환하게 밝혀주었다.

부처님은 오다가 사람들에 둘러싸여 예정 시간보다 늦게 기원정사에 도착하였다. 그때까지도 노파의 등은 기름이 다 떨어졌을 터인데도 꺼지지 않았다. 노파는 숨은 죽이고 보리수 뒤에서 등을 지켜보고 있었다.

노파의 등은 새벽이 돼도 꺼지지 않았다. 꺼지기는커녕 다른 등보다 더 밝게 빛나고 있었다.

마침 부처님의 제자인 목련이 나와 등불을 하나씩 꺼갔다. 바람이 슬슬 불어오므로 불이 날 위험이 있기 때문이었다. 그러나 목련은 노파의 등만은 끌 수 없었다. 그때 태풍으로 돌변한 바람이 세차게 불어닥쳤지만 노파의 등불만은 여전히 꺼지지 않았다. 놀란 목련이 부처님께 물었다.

"거룩한 이시여, 저 등불만은 꺼지지 않습니다. 무슨 까닭입니까?"

"목련아, 부질없이 끄려고 하지 마라. 태풍으로도 끌 수 없는 등불이니라."

"무슨 까닭입니까?"

"정성으로 밝힌 등불은 그 무엇으로도 끌 수 없느니라."

부처님이 다시 말했다.

"저 보리수 뒤에 서 있는 노파를 모시고 오너라. 오는 세상에는 부처가 되실 분이니라."

그제야 노파는 목련을 따라서 부처님 앞으로 나왔다.

이 이야기에 무엇을 더 보태리. 나그네는 약사암에 올라서 입을 다문다. 내려다보이는 백양사 전경 너머로 멀리 담양 병풍산 줄기가 파도처럼 넘실대고 있다. 법당 아래서 스님 한 분이 보살과 함께 묵은 난의 뿌리를 나누고 있다. '지극한 마음이 부처'라는 빈자일등의 예와 같이 난을 보살피는 저 수행자의 모습도 아름답다.

　나그네는 다시 법당 오른편으로 난 산길을 따라 약사암의 기도처를 거쳐 영천굴을 오른다. 지척의 거리이지만 가는 길에 약수터가 있어 물맛이 그만이다. 시멘트가 이 암자에까지 침범했다는 것이 아쉽지만 영천굴에서 보는 풍광은 백양사 산내 암자 중에서는 감히 으뜸이라고 주장할 만하다. 눈에 차는 이 비경 하나만으로도 세속의 때가 말끔히 씻어지고도 남는 느낌이다.

호남 고속도로에서 백양사 인터체인지를 지나면 외길이 나오고, 백양사 쌍계루에서 왼편으로 운문암 가는 길로 가다 보면 나무다리가 나오는데, 그 부근에서 이정표를 따라 0.4km 정도 가파른 산길을 오르면 암자에 이른다. 약사암 061-392-7791

익산 미륵산 사자암

## 고난의 저잣거리도
## 먼 풍경으로 보니

> 미륵이란 어떤 분인가. 미래의 세상에 오시어
> 중생을 구제할 거라는 부처가 아니신가.
> 하루하루가 고통스러운 민초들에게는
> 미륵불이야말로 고달픈 삶을 이겨낼 수 있게 해주는
> 구원의 빛이었을 터이다.

완연한 봄이다. 쏟아지는 햇살로 들녘에는 양명한 기운이 감돈다. 전주에서 1번 국도를 타고 삼례를 지나 익산 미륵산으로 가는 길이다. 이 길에도 백제 망국의 한과 조선말의 동학 농민군의 혼이 서려 있다.

예전에는 소리 죽여 우는 울음 빛깔이었을 황톳길이었으리라. 그때 동학도들은 무기라야 달랑 죽창 하나 들고 빗속의 질척이는 황톳길을 밟으며 더디게 우금치로 향했으리라. 그들의 비원이 서린 길이고 보니 차마 못 본 듯 내달리지 못하겠다. 승용차에서 내려 이준엽 후배와 함께 고도리 미륵 입상을 참배한다. 한 분은 여자상이고, 또 한 분은 남자상이다. 두 분 사이에는 수로가 나 있고 그 위로는 다리가 놓여 있다.

좀 더 가서는 왕궁리 오층석탑하고도 재회해 본다. 목조탑을 그대로 축소 재현한 것이다. 목조탑에서 석조탑으로 넘어가는 과도기적인 작품이라고나 할까. 목조탑이 일본으로 건너가 발달한 것을 생각하면 잦은 외침으로 사라진 우리 문화재들이 더욱 아쉽게 떠오른다.

백제 땅에 유난히 미륵불이 많은 사실은 삶의 고통에서 연유할 것이다. 미륵이란 어떤 분인가. 미래의 세상에 오시어 중생을 구제할 거라는 부처가 아니신가. 하루하루가 고통스러운 민초들에게는 미륵불이야말로 고달픈 삶을 이겨날 수 있게 해주는 구원의 빛이었을 터이다.

나그네가 지금 가고 있는 미륵산 주위도 미륵 이야기가 많다. 〈삼국유사〉 기이편의 백제 무왕武王 이야기를 보면 다음과 같은 구절이 나온다.

어느 날 무왕이 부인과 함께 사자사(현 사자암)를 가려고 용화산(현 미륵산) 밑의 큰 못가에 이르니 미륵삼존이 못 가운데서 나타나므로 수레를 멈추고 절을 올렸다. 부인이 왕에게 말했다.
"이곳에 큰절을 세워주십시오. 진실로 제 소원이나이다."
무왕은 허락했다. 사자사 지명법사에게 가서 못을 메울 일을 물었더니 법사는 신통력으로 하룻밤 사이에 용화산을 무너뜨려 못을 메워 평지로 만들었다. 이에 미륵삼존상을 만들고 가람을 짓고 탑을 세워 미륵사를 창건했다. 신라 진평왕은 많은 공인을 보내어 역사를 도와 주었다. 그 절은 지금도 남아 있다.

여기서 부인은 절세의 미인으로 서라벌 청년들의 가슴을 설레게 했던 선화 공주이다. 그녀의 미모는 당시 적대국이었던 백제 땅까지 알려졌다. 무왕의 어린 시절 이름은 서동이었다. 그는 말솜씨가 빼어났고 머리 좋은 청년이었다. 수완가인 그는 신라 서라벌로 승려처럼 머리를 깎고 몰래 들어가 그곳 아이들에게 마를 공짜로 주며 낯을 익힌 다음 '서동요'를 지어 부르게 한다. 승려로 위장한 것은 변장술이고, 노래를 지어 아이들에게 부르게 한 것은 그의 계략이 아닐 수 없다.

나그네가 대학시절 양주동 선생님에게 배웠던 '서동요'는 이렇다.

    선화 공주님은 남 그으지(은밀히)
    얼어 두고(잠자리를 하고)
    맛동방(서동방)을
    몰(몰래) 안고 간다.

신라 아이들은 무슨 뜻인지도 모르고 불렀겠지만 당시 서라벌의 청년들은 아쉬움이 극에 달한다. 선화 공주가 밤마다 서동방을 만나 잠자리를 같이 한다는 소문이 노래를 통해서 떠돌기 때문이다. 마침내 공주의 아버지인 진평왕도 귀족들의 입가심거리가 된 딸을 그대로 방치할 수 없게 된다. 그래서 소문이 잠잠해 질 때까지 서라벌을 떠나 있도록 한 것인데, 가는 도중 미리 기다리고 있던 서동과 함께 백제 땅으로 넘어온다는 다소 비약이 심한 이야기이다.

나그네는 사자암을 오르며 이 이야기에 담긴 의미를 두 가지로 짚어본다. 하나는 적국의 국경을 넘나들며 사랑을 이루는 과정인데, 당시 세상은 그럴 만큼 역동적이었는가 하는 상상이다. 국경이 있건 말건 젊은이들은 사랑의 감정을 솔직하게 드러내고 있으니까. 또 하나는 서동이 승려로 변장하여 서라벌로 잠입하는데, 그것을 단순히 사랑의 감정만으로

사자암에서 내려보이는 미륵산 아래의 저잣거리 풍경

볼 수 있는가 하는 점이다. 백제는 신라와 전쟁을 치르는 중이었다. 백제는 야심 많은 서동이 등장하여 적국인 신라의 심장부로 들어가 선화 공주를 납치하여 진평왕의 자존심에 상처를 준 결과도 되기 때문이다.

아무튼 선화 공주가 백제 땅에 왔고, 무왕의 왕비가 된 것만큼은 분명하다. 또한 지명법사가 있는 사자사를 오르면서 큰절을 지어달라고 부탁하는 것을 보면 무왕의 사랑을 받았던 것도 틀림없다.

햇살 가득한 미륵산 아래의 세상이
은박지를 펴놓은 것처럼 눈부시게 아름답다.
팍팍한 세상이지만 봄날의 햇살이 있어 따뜻하다.
힘들고 지치게 하는 고난의 지잣거리도
먼 풍경으로 보니 살 만한 세상으로 보인다.

    나그네는 미륵사지 오른쪽으로 산길을 잘못 들어 다시 왼쪽으로 돌아 올라간다. 미륵산은 해발 몇백 미터 안팎이지만 평지에서 오르는 산이므로 만만하게 보아서는 안 된다. 두어 번 왔다는 이준엽 후배도 조금은 힘든 모습니다. 땀을 흘리며 오가는 등산객들에게 길을 묻고 있는 것이다.
    그러나 나중에 안 사실이지만 어느 길을 오르든 정상으로 가는 길은 결국 만나게 될 등산로이다. 사자암의 정확한 창건연대는 알 수 없다. 다만 무왕 이전에 창건된 절이고 지명법사가 머물렀으며, 선화 공주는 지명법사를 찾아 자주 사자암을 들렀다는 것을 〈삼국유사〉를 통해 추측해 볼뿐이다.

    암자에 도착해 보니 법당은 지은 지 얼마 되지 않은 새 가람이다. 그러나 오래 된 탑과 그나마 잘 조화를 이루고 있다. 고색의 탑이 새 암자

서동과 선화공주의 사랑을 엿본 사자암 돌탑

의 허한 부분을 채워주고 있는 듯한 것이다. 암자 마당에서 졸고 있던 흰둥이 세 마리가 나그네를 보고 짓다가 만다. 싱거운 놈들이다. 아마도 경계를 한 것이 아니라 반가워서 그랬을지도 모르겠다.

 나그네는 법당으로 들어가 앞문을 열어 젖히고 참배를 한다. 그러자 부처님도 봄날의 햇살에 대한 답례인 듯 더욱 넉넉한 미소를 지으신다. 햇살 가득한 미륵산 아래의 세상이 은박지를 펴놓은 것처럼 눈부시게 아름답다. 빽빽한 세상이지만 봄날의 햇살이 있어 따뜻하다. 힘들고 지치게 하는 고난의 저잣거리도 먼 풍경으로 보니 살 만한 세상으로 보인다.

전주에서 미륵산 미륵사지까지는 승용차로 20분 정도 걸린다. 미륵산 아래서 아무 산길을 타도 정상에 이르나 암자로 가는 지름길은 미륵사지 오른쪽 연수원 옆길이다. 40분 정도 걷다 보면 사자암에 이른다. 사자암 063-836-8574

파주 고령산 도솔암

## 해탈의 꽃을 피우는
## 수행자가 그립다

산길도 마음의 투영이 아닌가 싶다. 오를 때마다 느낌이 다를 뿐만 아니라 그 거리감도 다르게 다가온다. 마음이 무거울 때는 지척의 거리도 천리처럼 멀고 힘들게 느껴지는 것이다. 또한, 산길은 인생의 길과 너무 흡사하다. 오를 때는 힘들지만 내려갈 때는 발만 내려딛으면 그만이다.

경기도에는 암자가 드물다. 과천의 연주암, 안양의 염불암, 이천의 영월암, 동두천의 자재암 정도가 고작이다. 평야지대가 많아서인지 모르지만 꼭 그런 것만도 아니다. 경기 북부에는 명산이 여러 군데가 있다. 지금 가고 있는, 일출과 낙조가 장관인 고령산도 경기 명산 중에 하나이다. 더구나 고령산 정상에서는 이북의 개성산까지 볼 수 있어 이산가족들에게는 망향의 한을 달래주기도 한다.

보광사 계곡 위쪽에 있는 도솔암은 나그네에게 낯익은 암자이다. 보광사 왼쪽 산길로 조금 오르면 수구암이 나오는데, 수구암은 보광사의 산내암자이고 도솔암은 봉선사 말사이다. 젊은 시절에 수구암에 갔다가 도솔암까지 오른 적이 있다.

수구암을 먼저 간 것은 그곳에 친구처럼 가까운 스님이 머물고 있기 때문이었다. 시를 쓰는 시인 스님으로 나그네와는 승속의 울타리를 넘어 흥허물 없이 지냈다. 체격은 나그네보다 훨씬 크지만 감성은 스님이 더 여렸다. 청평사에 살 때는 짜장면이 그리워 배를 타고 소양호를 나와 춘천까지 먼길을 갔다가 중국집을 들어가기가 뭣해서 간판만 보고 돌아왔다는 스님이다. 스님에게 짜장면은 지금은 사라지고 없는 칙칙폭폭 증기기관차 같은 아득한 추억의 한 토막이었으리라. 하긴 나그네에게도 짜장면의 추억이 있다. 옆반 친구들과 짜장면 내기 축구를 한 적이 있고, 아주 어린 시절에는 짜장면을 영양식처럼 먹었을 때도 있었다. 몹시 아프고 난 뒤에는 어머니를 따라 중국집에 들러 짜장면을 먹었던 것이다.

스님은 화도 잘 냈다. 친한 도반이 무엇인가 스님답지 못하게 집착을 하면 참지 못하고 절교를 선언하곤 했다. 감정을 숨기지 못했다. 얼굴이 금세 붉어지는 것이었다. 나그네는 그런 스님이 마음에 들었다.

지금은 어떤지 모르지만 그때 스님은 담배를 피웠다. 시상詩想이 잘 떠오르지 않거나 시작詩作의 어려움에 부딪쳤을 때 골방으로 들어가 담배를 꺼내 물었다. 그런데 나그네는 스님의 그런 모습보다는 스님방 벽에 좌우명처럼 붙은 글귀가 떠오를 때면 지금도 미소가 지어진다.

'담배를 끊으면 성불하리라.'

얼마나 금연하기가 어려웠으면 그렇게 표현했을까. 금연하는 데 왕도는 없다. 나그네의 경험이지만 일도양단, 초전박살이 가장 좋은 방법이다. 점진적인 방법으로는 절대로 끊을 수 없다. 익혀왔던 습智을 한 순간에 내쳐야 한다. 그리고 보면 일도양단, 초전박살도 선禪이 아닐 수 없다. 미적거리지 않고 단박에 본래의 자리로 돌아가는 것이 바로 선이니까.

보광사 뒤편으로 도솔암 가는 길

도선국사가 초암을 짓고 수행한 도솔암

    비 갠 뒤끝이라 산 속은 습도가 더없이 높다. 후텁지근한 기운이 살갗에 달라붙는다. 미끄러운 산길은 발걸음을 더 힘들게 하고 있다. 땀방울로 금세 온몸이 젖는다. 간밤에 선잠을 잔 탓인지 무릎이 더 팍팍하다.
    산길도 마음의 투영이 아닌가 싶다. 오를 때마다 느낌이 다를 뿐만 아니라 그 거리감도 다르게 다가온다. 마음이 무거울 때는 지척의 거리도 천리처럼 멀고 힘들게 느껴지는 것이다. 또한, 산길은 인생의 길과 너무 흡사하다. 오를 때는 힘들지만 내려갈 때는 발만 내려딛으면 그만이다. 발만 앞으로 내밀면 절로 내려가지니 이보다 쉬운 일이 어디 있겠는가. 오를 때는 숨을 헐떡이지만 내려 갈 때는 콧노래가 절로 나온다.

도솔암은 신라 진성여왕 8년에 창건되었다고 전해진다. 보광사와 동시에 터를 잡았다고 추정되고 있는 것이다. 이후, 도선국사가 초암을 짓고 수도하였고, 조선 태조의 왕사인 무학대사와 함허선사가 정진하였으며 근세에는 3.1운동의 불교대표였던 백용성 스님이 정진하던 중 견성오도하였다고 한다. 풍수에 밝았던 도선국사가 수행했던 자리라고 볼 때 도솔암이 수행도량으로서 10대 성지 중 하나라고 자랑하는 것도 근거 없는 얘기는 아닐 듯싶다.

이윽고 암자에 다다르자 불경을 낭송하는 소리가 들린다. 아마도 오가는 등산객들을 위해 테이프를 틀어놓은 모양이다. 어떤 때는 천편일률적인 목소리에 짜증나기도 하지만 가만히 들어보니 마음의 문을 두드려주는 것 같다.

　　잠 못 이루는 사람에게 밤은 길고
　　지친 나그네에게는 지척도 천리
　　바른 진리를 깨닫지 못한 자에게는
　　윤회의 밤길이 아득하여라.

아예 암자 마당가의 바위에 앉아 귀를 기울이고 만다. 솔바람이 몸을 서늘하게 해주고, 부처님의 말씀이 헐떡이는 마음에 평온을 준다.

어리석은 자는 한평생을 두고
어진 사람을 가까이 섬길지라도
참다운 진리를 깨닫지 못한다
마치 숟가락이 국 맛을 모르듯이.

'어진 사람'을 '사랑하는 사람'으로, '참다운 진리'를 '참다운 사랑'으로 바꾸어 보니 저잣거리에서 부대끼며 사는 나그네에게는 그 의미가 더욱 절실하데 다가온다. 웃고 우는 만남 속에서 살지만 숟가락이 국 맛을 모르듯이 함께 있는 게 우리들의 삶이 아닐까 싶어서이다.

마침 점심 공양시간이 되어 한 스님이 나그네를 부른다. 나그네는 공연히 미안하다. 암자에 오를 때부터 식사는 산을 내려가 하기로 마음 먹었던 것이다. 이곳은 승용차가 오르지 못하는 곳이다. 먹을 양식을 운반하는 도구는 지게밖에 없는 곳인 것이다.

공양 후에는 주지스님이 극락전 상량문에서 나온 대로 도솔암 유래를 들려준다. 그러면서 암자가 허물어지고 있어도 자재를 운반할 수 없어 안타까운 마음만 든다고 말한다.

"여기는 헬기도 앉지 못하는 곳입니다. 지형이 그렇습니다. 그래도 어쩝니까? 무너지고 있는 암자는 복원해야지요. 이곳에 산 지 5년이 되었습니다만 올해나 내년에는 좋은 소식이 있어야 할텐데…, 기도만 할 뿐입니다."

극락전 앞에는 스님들 사이에서 해탈꽃이라 불리는 옥잠화가 한창 피어 있다. 수행자들이 공부를 해제할 무렵에 핀다고 하여 해탈꽃이라고 부르는 것이다. 도솔암도 잘 복원되어 마음에 해탈의 꽃을 피우는 수행자들이 많이 머물렀으면 좋겠다.

  나그네가 그리운 것은 바로 그런 해탈의 꽃을 피우는 수행자들이다. 비록 저잣거리의 삶이 고단할지라도 그런 수행자의 모습을 보면 위안과 용기를 얻을 수 있으니까.

서울에서 가려면 불광동을 지나 파주시 광탄면에 있는 보광사를 찾아가면 된다. 보광사 일주문에서 도보로 40여 분 거리에 있다. 가파른 산길이니 쉬엄쉬엄 오르는 게 좋다.
도솔암 031-948-7703

양양 오봉산 홍련암

## 우리 모두 상생하고
## 복 짓는 복밭이 되소서

사람들은 홍련암을 보고 기적이라고 할지 모른다.
그러나 인과因果를 믿는 이에게 기적이란 말은 부적절하다.
원인이 있으므로 결과가 있을 뿐이다.
홍련암에는 일찍이 천년 전 의상대사가 보았고,
최근에는 경봉스님에 보았다는 관음보살이 상주하고 계신 것이다.

새벽부터 고속도로를 달려보기는 처음이다. 비통한 마음으로 새벽부터 절로 향하기는 처음이다. 강릉에서 양양 가는 도로변의 산은 듬성듬성 화마가 할퀴고 간 상처가 또렷하다. 산과 들과 사람들의 신음하는 소리가 들리는 듯하다. 나그네는 지금 낙산사로 바삐 가고 있는 중이다.

며칠 전의 일이다. 서울에서 아침 일찍 아내로부터 슬픈 소식이 왔다. 나그네가 농사짓고 사는 산중 처소로 전화가 왔던 것이다. 강원도에 산불이 났어요. 낙산사가 다 타고 있어요. 순간, 나그네는 가슴이 철렁 내려앉았다. 아내의 다음 말은 나그네의 눈앞을 더욱 캄캄하게 했다. 정념 스님이 그곳으로 가신 것 같아요. 텔레비전에 나오셨어요.

'그럴 리가.'

지난 초봄에 나그네와 전화로 얘기를 나눌 때만 해도 봉정암에 계셨는데, 어느 새 낙산사로 가셨다니 믿어지지 않았던 것이다. 나그네는 산

동해 일출의 정기를 받아 세상에 나눠주는 해수관음상

화중생대 華中生蓮.
우리말로 옮자면 '불 속에 핀 연꽃'이다.
썩기워 죽어 버 지만 줄기 남아 있어도
다음해 피어나 수 있는 화중 생련이다.

중 처소의 골방에 쭈그리고 앉아 평소에 보지 않던 텔레비전을 켜고 산불 뉴스를 확인하고 나서야 낙산사의 전소를 현실로 받아들였다. 불 탄 화재 현장을 수습하는 정념스님의 모습을 보자 눈물이 나왔다. 낙산사에 전해지는 설화 〈조신의 꿈〉처럼 천년 고찰이 그림자만 남기고 사라지다니 한숨이 절로 나왔다. 나그네는 주르륵 흐르는 눈물을 두루마리 휴지를 잘라 닦으며 낙산사 종각에 매달린 종이 화마에 녹아내리고 있는 화면은 차마 볼 수 없어 텔레비전을 꺼버렸다.

젊은 날 낙산사에 갔을 때 범종소리를 듣고 일어나 혼자 절 경내를 서성거리다 의상대 난간에 기대어 졸다가 문득 동해바다로 떠오르는 심장처럼 붉은 일출을 보았던 기억이 다시 나기도 했다.

'아, 낙산사여, 낙산사여.'

일주문 안으로 더 오르기가 두려워 나그네는 승용차를 세우고 만다.

나를 설계하는 봄암자

파도소리가 발 밑까지 올라오는 의상대

　불행 중 다행으로 일주문 주변의 낙락장송들은 안녕하구나. 나그네는 아내와 함께 가슴을 쓸어내린다. 화를 면한 소나무 한 그루 한 그루를 볼 때마다 마치 내 가족과 이웃이 무사한 듯하다. 나그네와 아내는 조마조마한 마음으로 산길을 오른다. 그러나 홍예문부터는 풍경이 악몽처럼 변해버린다. 관동팔경 중 하나인 낙산사가 사라지고 없다. 천년 고찰 낙산사여, 어디로 갔는가. 깨진 기왓장이 뒹굴고 불에 그슬린 소나무들만 혼이 나간 채 멍하니 서 있다. 그것들의 그림자조차 처연하다. 낙산사의 어머니라 할 수 있는 원통전도 마찬가지다. 7층 석탑만 남아 있을 뿐 원통전의 잔해들이 안타까움으로 몸을 떨게 한다.

　석탑 앞에서 한 노승이 염불하고 있다. 염불소리가 가슴을 친다. 바랑을 맨 행장을 보니 나그네처럼 비보를 듣고 달려온 어느 산중의 객승이 틀림없다. 그제야 현장을 뒷수습하는 자원봉사자들이 보인다. 그들은 참배를 온 나그네 같은 사람들을 오히려 위로한다. 참배하는 이들에게 따뜻한 종이잔 커피를 내밀고 있는 것이다. 나그네는 그들에게서 관세음보살의 마음을 읽는다. 그래도 희망은 저 자원봉사자의 아름다운 마음에서부터 싹트고 있구나. 참화의 잿더미 속에서도 새싹이 움트고 있구나. 화마를 면한 보타전에서는 스님들이 기도하고 있다.

"이제야 정신이 납니다. 금생의 성불을 미루더라도 낙산사를 옛날 모습 그대로 복원하는 데 최선을 다할 것입니다. 관세음보살님이 계시는 원통전만큼은 관의 지원보다는 우리들의 맑은 정성으로 복원하고 싶습니다. 관음보살님께 끝없이 빌기만 했으니 지금부터는 관세음보살님께 우리들의 마음을 회향할 때가 아닐까 싶어서입니다. 원통전을 하루 빨리 복원하여 관세음보살님을 제 자리에 여법하게 모시고 싶습니다."

정념스님의 간절한 호소이자 바람이다. 스님이 신흥사 총무로 일할 때 설악산 절벽 위에 있는 금강굴을 같이 올라서 천불동 계곡을 함께 보며 기도하였고, 봉정암에서는 차를 마시며 이런 저런 도담道談을 나눈 일이 있어 나그네는 스님의 마음을 누구보다 잘 안다. 성철 큰스님이 말했던가. 남의 고난과 아픔을 자신의 그것보다 더 뼈저리게 느끼고, 덜어주고 같이 나누는 데 종교인의 참다움이 있다고…….

나그네는 경내를 천천히 걸어 내려가 바닷가에 있는 홍련암으로 가본다. 다시 콧잔등이 시큰거린다. 삼십여 만 평의 낙산사가 전소되는 가운데 다섯 평짜리 홍련암만은 화마가 비껴갔다니 도대체 믿겨지지 않는다. 예전에 나그네가 기도삼매중이던 경원스님과 함께 차를 마셨던 요사의 방은 다 타버리고 터만 남아 있는데 암자는 서까래 한 개 다치지 않고 그대로다. 사람들은 이것을 보고 기적이라고 할지 모른다. 그러나 인과因果를 믿는 이에게 기적이란 말은 부적절하다. 원인이 있으므로 결과가 있을 뿐이다. 홍련암에는 일찍이 천년 전 의상대사가 보았고, 최근에는 경봉스님에 보았다는 관음보살이 상주하고 계신 것이다.

홍련암에 들어가 삼배를 하고 나와 자세히 살펴보니 불길이 바로 암자 추녀 밑까지 왔다간 흔적이 역력하다.

화중생련火中生蓮. 우리말로 풀자면 '불속에 핀 연꽃'이다. 선가의 용어이지만 홍련암이야말로 마음에 희망을 주는 화중생련이다. 암자 추녀 밑에 매단 '紅蓮庵 홍련암'이란 경봉스님의 친필 편액을 보자, 스님께서 관음보살님을 친견하고 난 후 남긴 일기 한 토막이 떠오른다.

수선修禪하다가 비몽사몽간에 백의관세음보살께서 푸른 물결 바다 위로 걸어 눈앞에 오거늘 놀라서 깨어보니 꿈인데 정신이 새로워지더라. 의상대 앞에 소나무 한 그루 심다.

1930년 3월 7일이니 지금부터 75년 전의 일이다. 동해의 파도소리가 발밑에까지 올라오는 의상대도 건재하다. 경봉스님이 심은 소나무가 어느 것인지는 몰라도 의상대 주위 낙락장송들도 안녕하시고-. 낙산사를 찾는 이들 모두가 소나무 한 그루씩을 심어 마음의 동산을 만들었으면 좋겠다. 그리하여 낙산사야말로 종교를 초월한, 마음이 가난한 우리들 모두가 상생하고 복을 짓는 복밭福田이 되었으면 좋겠다.

영동 고속도로나 백두대간으로 가는 국도를 이용하여 양양으로 넘어가면 낙산해수욕장이 나오고 낙산사가 나온다. 홍련암은 낙산사 산내암자이다. 홍련암 033-672-2447

나를 성장시키는 여름암자

김해 무척산 모은암

# 마음 속에 들어와
# 기도하시는 분

못 가에서 물위에 어린 자신의 그림자를 바라보며
냉수를 한 모금 마시는 일도
작지만 상큼한 행복이 아닐 수 없다.
저 물에 비친 그림자도 어머니가 만들어 주신 것이리라.

 광복절부터 이틀간 나그네는 아무 것도 할 수 없었다. TV를 켰다 껐다 하면서 이산가족의 상봉 장면이 나올 때마다 무심한 세월을 원망했다. 잠깐 놀다 오겠다는 소년이 50년 만에 환갑을 넘긴 나이가 되어 늙은 어머니를 만나는 장면은 그 어떤 소설보다도 절절하였다. 조금은 멋쩍고 청승맞게 눈물도 나고 또 났다. 그들의 해후가 나그네의 경험처럼 반갑고 슬펐던 것이다.
 주인공은 북에서 온 안순환 씨다. 서울 한영중학교 3년생이던 그는 1950년 7월 어머니에게 '학교에 다녀오겠습니다' 하고 경기도 광주에 있는 집을 나섰는데, 영영 소식이 끊어지고 만다. 어머니는 채마밭에서 호미질 하느라고 아들에게 눈길도 주지 못한 것이 못내 가슴의 응어리가 되고.
 가족들은 그가 돌아올 것을 기다리며 광주에서 이사하지 않고 옛집에

허황후가 인도의 어머니를 위해 지었다는 모은암

이 세상의 어머니는 누구나 다
자비의 관세음보살이 아닐까 싶다.
자식의 마음속에 항상 들어와
자식의 소망이 이루어지기를 빌고 계신
분들인 것이다.

서 50년을 산다. 어머니는 날마다 큰아들 몫의 밥을 한 그릇씩 차렸고, 뚫린 문구멍으로 밖을 내다보곤 하였다. 그러던 어느 날 점을 쳤는데 아들이 죽은 것으로 나타나자 어머니는 통곡을 한다. 세월이 더 흐른 후 그의 아버지는 아들을 더 기다리지 못하고 사망한다. 그무렵 가족들이 상심한 어머니에게 7돈쭝의 목걸이를 해드렸다.

그런데 아버지 사망 이후 장남이 없으므로 가족들에게 재산 상속 문제가 생겼다. 어머니는 '큰 아들이 죽지 않았다'고 버티다가 그래도 가족이 사망 신고를 하자 1주일간 몸져눕는다. 설상가상, 어머니는 99년 10월 위암 선고를 받은 후 병원에 입원하게 된다. 그러나 어머니는 아들이 살아 있다는 소식을 듣고는 기력을 회복하였다. 마침내 어머니는 병원을 퇴원하고 상봉 장소로 가 50년만에 나타난 아들을 만나고는 자식들에게 받았던 금목걸이를 북에 있는 며느리에게 넘겨주게 되는 것이다.

무척산의 바위에 얹힌 모은암 기도처

형제간의 만남보다 모자간의 만남이 더 눈물겨운 것은 무엇 때문일까. 나그네는 암자를 찾아 산길을 오르면서 휠체어에 앉은 안순환 씨의 어머니를 생각하고, 주름살 깊어지는 나그네의 어머니도 떠올려 본다. 이 세상의 어머니는 누구나 다 자비의 관세음보살이 아닐까 싶다. 자식의 마음속에 항상 들어와 자식의 소망이 이루어지기를 빌고 계신 분들인 것이다.

나그네도 어머니와 멀리 떨어져 산 적이 있지만 정작 떨어져 살고 있다는 느낌은 별로 안 들었다. 어머니가 항상 마음속에 들어와 살고 계시

어두운 마음까지 밝힌 용굴의 촛불

기 때문이었다. 어머니는 꿈을 잘 꾸시는 분인데, 수시로 꿈을 꾸고서는 나그네에게 전화로 알려주셨다. '수돗가에서 호박넝쿨이 하나 솟더니 호박을 주렁주렁 달고서는 서쪽으로 막 뻗어가더라. 너한테 서쪽에서 좋은 일이 생길 것 같다'는 식의 길몽에서부터 '꿈자리가 사나우니 오늘 어디 나가더라도 조심해라' 등등이다.

마침 오늘 찾아가는 암자는 모은암母恩庵이다. 우연의 일치다. 김해

비구름이 자욱한 천지 가는 길

공항에 내려서 〈암자를 좋아하는 사람들〉 부산 회원을 만났는데, 그들이 이 모은암을 가자고 하였던 것이다. '김해' 하면 평야지대를 먼저 연상하게 되어 암자가 들어설 만한 높은 산이 있을 것 같지 않은데, 실제로 와보니 그게 아니다. 지금 오르고 있는 무척산無尺山은 산 이름 그대로 자로 잴 수 없는 신령스런 느낌이 든다.

김해 지방의 절들에는 인도 아유타국 공주였다는 허왕후의 이야기가 많이 전해지고 있는데, 이곳 모은암도 마찬가지다. 서기 48년에 허왕후가 인도의 부모를 위하여 부암父庵과 모암母庵, 자식을 위해 자암子庵을 지었다는데, 모암이 지금의 모은암이라는 것이다. 또한 김수로왕의 맏아들 거등왕이 부모님과 자손을 위해 창건했다고도 전해지나 어쨌든 이 설화 또한 김수로왕의 왕비인 허왕후와 관련되는 것은 마찬가지다.

암주인 보안菩眼스님에게 좀 차분하게 얘기를 듣고 싶었지만 스님은 어제 내린 폭우 때문에 암자를 지키느라고 밤새 잠을 자지 못했다고 하신다.

"무척산은 바위산입니다. 폭우가 쏟아지면 그대로 흘러내리니 걱정입니다. 물이 암자로 달려들기도 하니까요."

암자 부근이 온통 바위다. 대웅전 뒤 탑 모양의 바위가 있고, 법당 마당에서 남쪽으로 미륵바위가 허공에 우뚝 솟아 있다. 산신각도 칠성 바위 위에 얹혀 있다. 스님을 따라간 암자 뒤 용굴도 온통 바위로 된 굴인데, 한여름에도 얼음굴처럼 차갑단다.

"여기서 좌선하고 있으면 바위 기운이 스며들어 머리가 맑아집니다. 산책할 때는 산 정상에 있는 천지天池까지 다녀옵니다. 천지를 보면 무거웠던 몸이 아주 가벼워지지요."

어제 내린 빗물이 아직도 용굴 양쪽으로 콸콸 소리내며 흐르고 있다. 잠을 자지 못했다는 스님의 말이 비로소 수긍이 간다. 암자 뒤쪽에서 수마水魔가 달려드니 겁이 날만도 한 것이다.

다시 30여분 산길을 더 오르니 스님이 자랑하던 천지가 나온다. 산 정상에 못이 있다는 것은 드문 일이다. 물론 백두산의 천지처럼 커다란 규모는 아니지만 그래도 시골마을의 저수지 만한 크기의 못으로 산행의 가쁜 숨을 고르기에는 그만이다. 못 가에서 물위에 어린 자신의 그림자를 바라보며 냉수를 한 모금 마시는 일도 작지만 상큼한 행복이 아닐 수 없다. 저 물에 비친 그림자도 어머니가 만들어 주신 것이리라.

삼랑진 역에서 승용차로 20여 분 걸리고, 김해 버스터미널에서 삼랑진행 버스를 탈 경우에는 생림면 생철리 모은암 입구에서 하차하여 20여 분 정도 도보로 오르면 암자에 이른다.
모은암 055-335-8877

청도 호거산 북대암

# 119 구조대장 같은
# 지장보살

지장보살은 지옥에서 고통받는 모든 중생들을 구원한 후에야
자신도 성불하겠다고 서원을 세운 119구조대장 같은 보살이다.
그런데 지옥 불이란 내세에만 타오르는 것이 아니다.
지금 발을 딛고 있는 이 시간과 공간도 지옥일 수 있다.
이 세상을 불타는 집, 화택火宅이라 부르지 않는가.

운문사에서는 눈에 보이는 것마다 꽃처럼 아름답다. 늦은 시각에 도착한 셈인데, 발등에 덮이는 산그늘마저 나그네에게는 정겹다. 솔바람 소리나 계곡을 흐르는 물소리도 아껴 듣고 싶고, 병풍처럼 펼쳐진 푸르른 산자락들도 천천히 눈에 넣고 싶다. 다람쥐처럼 옹기종기 모여 밭일을 하는 비구니스님들도 해맑기만 하다.

이곳의 특산물은 구름이다. 그래서 절 이름이 운문사雲門寺인지도 모른다. '구름이 피어나는 문'인 것이다. 구름의 감상은 산 위에서 내려다볼 때 감흥이 더 커진다. 구름을 내려다보게 되면 하늘 나라에 와 있는 듯한 황홀한 기분이 들기 때문이다.

나그네는 북대암北臺庵은 내일 아침에 들르기로 하고 먼저 사리암으로 오른다. 날이 흐려진다고 하니 운 좋게 비구름 한 자락이라도 볼 수 있을 것 같아서이다. 그런 이유 말고도 사리암에는 산새를 유난히 사랑

힘차게 솟구친 바위봉오리 밑의 북대암

> 아침 일찍 기도하러 온 신도들이 산토끼를 보자마자 미소 짓는다. 이런 풍경보다 더 좋은 법문이 어디 있을까. 사람들은 산토끼를 보는 순간 어린 시절의 동심으로 돌아간다. 천진한 마음들을 꺼내놓고 있다.

하는 '산새엄마' 같은 정호스님이 머물고 있어서이다. 스님처럼 산새 이름을 많이 알고, 또 많은 산새들과 사귀고 있는 스님도 드물 것이다. 호거산에 사는 산새는 모두 스님의 가족이다.

새들이 스님을 따르는 것은 스님의 자비심 때문이 아닐까 생각해 본다. 나그네는 그런 스님이라면 무조건 친해지고 싶다. 언젠가 어느 비구스님에게 들은 이야기다. 스님이 태백산에서 수행하고 있을 때 산새가 집을 짓기 위해 입고 있던 솜옷을 뜯어 가더란다. 옷이 구멍 날 것 같아 손으로 막았더니 이제는 털신의 인조 털을 콕콕 쪼더라는 것. 영리한 새는 인조 털이라는 것을 알고는 다시 스님의 머리카락을 물더라는 이야기였다. 새는 스님이 자신을 해치지 않을 줄 알고 그랬을 터이다. 자비란 사람 사이뿐만 아니라 미물이라 할지라도 서로를 하나로 만드는 소중한 무엇이 아닐까 싶다.

호거산 산자락들이 한눈에 드는 북대암 전망

이곳의 특산물은 구름이다.
그래서 절 이름이 운문사雲門寺인지도 모른다.
'구름이 피어나는 문'인 것이다. 구름의 감상은
산 위에서 내려다볼 때 감흥이 더 커진다.
구름을 내려다보게 되면 하늘 나라에 와 있는 듯한
황홀한 기분이 들기 때문이다.

    정호스님이 나그네를 반긴다. 예전보다 더 둥그런 얼굴로 변해 있다. 나그네가 스님에게 새를 좋아해서 그런지 관세음보살을 닮아간다고 덕담을 건네니 웃으며 말한다.
    "사람들이 나보고 자기들보다 새를 더 좋아한다고 그래요. 하지만 저는 사람도 새도 다 똑같이 소중한 존재예요."
    2년 전에 왔을 때나 지금이나 변함없는 마음이다. 달라진 게 있다면 스님의 가족 중에 예전에는 없던 동물 형제가 더 생겨났다는 것이다. 죽어서 저잣거리로 나갈 뻔한 염소를 사와 산에 방목을 하고 있고, 한 방에서 엄마 잃은 고양이와 엄마에게 버림받은 고양이와 더불어 살고 있다. 염소가 눈물을 흘린다는 얘기를 스님에게 처음으로 듣는다. 마침 법당에서 들려오는 목탁소리에 따라 스님 앞에 누운 흰 고양이의 엉덩이를 탁탁 두드려주니 녀석이 자장가를 듣는 듯 편안하게 다리를 뻗고 잠을 잔다.

"산토끼가 외로운 것 같아 집토끼를 친구 삼아 살라고 데려다 주었더니 지금은 새끼 놓고 잘 살고 있어요."

과연 다음날 아침에 보니 산토끼도 계단을 겅중겅중 오르고 있다. 아침 일찍 기도하러 온 신도들이 산토끼를 보자마자 미소 짓는다. 이런 풍경보다 더 좋은 법문이 어디 있을까. 사람들은 산토끼를 보는 순간 어린 시절의 동심으로 돌아간다. 천진한 마음들을 꺼내놓고 있다. 동심을 일러 천진불天眞佛이라 했던가.

구름을 보지 못하고 내려가지만 닫혔던 마음이 열어진 듯하니 아쉬움이 덜하다. 북대암 가는 길은 시멘트 포장이 되어 승용차로 가는 데 솔직히 편리하기는 하다. 그러나 예전의 솔잎이 뒹구는 오솔길이 사라져 그때를 회상하는 사람들이 많을 것 같다.

거목이 된 참나무 두 그루가 일주문처럼 버티고 있는 게 예사롭지 않다. 일주문을 저잣거리 말로 하면 현관玄關이다. '그윽한 관문'이란 뜻의 현관이란 말 역시 불가에서 나온 단어인데, 그 의미는 세속으로 내려와 좁혀졌고 일주문의 다른 말로 흔히 산문山門이란 단어가 쓰이기도 한다.

북대암 마당으로 오르니 기도처란 생각이 든다. 지장보살을 모신 법당 뒤로 호거산 바위들이 암자를 외호하고 있는 것이다. 특히 산신각 뒤로 떡시루 모양의 거대한 바위 봉오리에서 빛살 같은 서기가 느껴진다. 지장보살은 지옥에서 고통받는 모든 중생들을 구원한 후에야 자신도 성불하겠다고 서원을 세운 119구조대장 같은 보살이다. 그런데 지옥 불이란 내세에만 타오르는 것이 아니다. 지금 발을 딛고 있는 이 시간과 공

북대암에서 내려다보이는 운문사의 논밭

운문사에서는 눈에 보이는 것마다 꽃처럼 아름답다. 늦은 시각에 도착한 셈인데, 발등에 덮이는 산그늘마저 나그네에게는 정겹다. 솔바람 소리나 계곡을 흐르는 물소리도 아껴 듣고 싶고, 병풍처럼 펼쳐진 푸르른 산자락들도 천천히 눈에 넣고 싶다.

간도 지옥일 수 있다. 이 세상을 불타는 집, 화택火宅이라 부르지 않는가. 욕망과 성냄과 어리석음의 불이 꺼진 마음, 즉 지금의 마음이 지극히 편안하면 극락이요, 그렇지 못하면 지옥인 것이다.

멀리 운문사가 보인다. 북대암이 운문사의 전망대 같다. 지금은 여름이라 나뭇잎에 가려 운문사 가람들이 잘 보이지 않지만 늦가을이나 눈 내리는 겨울의 운문사를 바라보는 것도 이 암자에서 즐기는 낭만일 듯 싶다.

기도하는 날인지 암자의 암주인 법춘法春스님은 바쁘다. 신도들을 안내하느라고 이리저리 종종 걸음을 하고 있다. 나그네는 스님에게 나그네가 최근에 번역한 〈관세음보살 이야기〉를 한 권 선물한 후, 지나가는 바람을 샘물처럼 한입 마시며 암자의 계단을 내려선다. 한 왕국의 공주

북대암 항아리들은 수국향기도 담는다

가 갖은 박해 속에서도 수행을 잘하여 관세음보살이 된다는 한문소설 형식의 줄거리인데, 관세음보살은 잘 알다시피 여러 몸으로 나투는 보살이다. 새나 꽃 혹은 사람으로 나툰다. 중생의 미망을 깨뜨려주기 위해 그때그때 다른 모습으로 현신하는 보살인 것이다.

연꽃을 보고 와! 하는 감흥과 함께 마음을 무겁게 했던 잡념들이 사라졌다면 그때의 연꽃은 관세음보살의 현신일 수도 있는 것이다.
　나그네는 북대암을 내려와 일진스님의 안내로 운문사 연못에서 뭇별처럼 영롱한 연꽃을 보고 걸음을 멈춘다. 마침 연꽃이 피어나는 시간이란다. 미인을 잠꾸러기라 했던가. 밝은 아침에 봉오리를 여는 백련들이 관세음보살 얼굴처럼 하얗다.

운문사 입구에서 왼편으로 오르면 암자에 이른다. 지금은 시멘트로 포장되어 승용차로도 갈 수 있지만 예전의 산길일 때는 1시간 정도 걸어야 했다. 구전에 의하면 운문사보다 먼저 창건했다는 설도 있다. 북대암 054-372-7951

포항 내연산 서운암

# 물소리가 가슴을
# 아리도록 스며드는 자리

> 용서란 진정한 참회가 있어야만 용서하는 이나
> 참회하는 이나 서로 인간적으로 더욱 가까워지고
> 성숙해진다. 아무리 용서하고 싶어도 참회하지 않는
> 이에게는 부질없는 공염불이 되고 만다.

부처의 그림자가 어린 불영사에서 하룻밤을 자고 지금은 포항 쪽으로 가고 있는 중이다. 불영사 산과 골짜기는 아직도 사람들이 몰려들지 않는 청정한 곳이어서 고작 하룻밤을 머물렀을 뿐인데도 심신이 맑게 씻긴 기분이다.

지금 찾아가고 있는 곳은 보경사 산내 암자인 서운암瑞雲庵이다. 서운암은 두 팔을 뻗친 듯한 내연산 산자락에 안긴 암자다. 사람들은 그곳의 암자나 절보다는 내연산 계곡의 풍광을 잊지 못한다. 이른바 내연산 12폭이다. 서운암에서 가까운 쌍생폭포를 시작으로 삼보폭포, 보연폭포, 잠용폭포를 거치면 관음폭포가 나오고 거기서 다시 구름다리를 건너면 웅장한 연산폭포가 시비의 때가 낀 귀를 먹먹하게 때린다.

요즘에는 절 입구까지 승용차가 닿지만, 예전 나그네가 대학을 다니던 시절에는 오가는 버스가 없었다. 영덕군 어느 입구에서부터 십여 리 길

마음을 정겹게 하는 서운암 돌담

부처는 말했다. 머리카락만 희다고 '장로'가
아니라고. 깨달아 지혜있는 이를 옛 인도에서는
장로라 불렸던 것이다. 순간을 잘 살지 못하고
흘려보내는 자신이 왠지 부끄럽다.
내연산의 12폭을 지나온 계곡의 물소리가
나그네 가슴으로도 아리게 스며든다.


을 걸었던 것과 배가 무척 고팠던 기억이 난다. 그 무렵 젊은이들 사이에는 무전여행이 유행이었다. 어른들에게 행선지를 밝히지 않는, 이를테면 가출과 비슷했다. 여행 형태는 가출이지만 내용은 예전 수행자들이 탁발하며 돌아다니던 만행과 비슷했다. 삼등열차와 완행버스 차비는 어쩔 수 없이 호주머니 돈을 꺼내 지불했지만 숙박은 가능한 한 버티기 작전을 최대한 발휘하여 낯선 사람들에게 기대는 것이 기본이었으니까.

 물어 물어서 걸어간 당시의 보경사에는 도무지 말을 건네기 힘든 스님이 두어 분이 있었다. 배가 고프다고 하소연해 볼 생각이었지만 스님들의 태도가 어찌나 무심한지 입이 떨어지지 않았다. 그래서 계곡 건너편 암자로 갔지만 그 곳의 분위기는 절보다 더 적막하여 발을 들이지도 못하고 돌아온 기억이 전생의 일처럼 아득하다. 결국 보경사로 다시 돌아와 허기를 해결하고 계곡 물소리를 자장가 삼아 하룻밤을 보냈으나

눈을 시원하게 맑히는 암자 사립문

다음 날에도 적막한 분위기에 멈칫했던 암자만은 들르지 못한 채 12폭을 대충 구경한 뒤 보경사를 떠났다.

그 때 들르지 못한 암자가 바로 지금 찾아가고 있는 서운암이다. 일행 중에 나그네의 그때 사연을 아는 사람은 아무도 없었다. 하긴 지금까지 누구에게도 얘기한 적 없으니까. 무슨 부끄러움이 있어서라기보다는 금생今生에는 다시 그곳에 들르지 않을 것 같았기 때문이었다.

서운암은 탁근卓根스님이 1677년에 허물어진 보경사를 도인스님과

적막이 들락거리는 암자 일주문

함께 중창하는 동안 창건했다고 한다. 창건 연대는 조선 숙종 때이니 그리 오래된 것은 아니다. 그 때 청련암도 함께 창건했다고 하니 아마도 보경사를 중수하는 동안 정진하던 수행자들의 거처가 마땅찮아 큰 절 가까운 곳에 암자를 짓지 않았나 싶다.

큰 절 보경사의 창건은 왜구의 잦은 침략을 막고자 하는 신라 왕실의 기원에서 비롯된 듯하다. 신라 때 상주 출신이었던 지명智明스님이 진평왕 24년(602년)에 중국 진나라에서 유학하고 돌아온 뒤, 왕에게 초청받은 자리에서 보경사 창건을 건의하게 된다.

"동해안 명산에서 명당을 찾아 제가 진나라에 유학하고 있을 때 어느 도인에게서 받은 팔면보경八面寶鏡을 묻고 그 위에 불당을 세우면 왜구의 침입을 막을 수 있을 것이옵니다."

그리하여 진평왕은 지명스님과 함께 동해안을 타고 북쪽으로 오른다. 이윽고 내연산으로 들어가 큰 못이 명당임을 알고 그 속에 팔면보경을 넣고 흙으로 메운 뒤 절을 지어 '보경이 묻힌 절'이라 해서 보경사라 이름지었다는 창건 설화가 전해지고 있음이다.

그 왜구가 오늘날에는 우리의 이웃이 되었다. 그러나 어떤 때는 이웃인지 헷갈릴 때도 있다. 과거 침략의 역사를 자꾸 엉뚱한 이유를 대며 덮으려 할수록 더욱 그렇다. 용서란 진정한 참회가 있어야만 용서하는 이나 참회하는 이나 서로 인간적으로 더욱 가까워지고 성숙해진다. 아무리 용서하고 싶어도 참회하지 않는 이에게는 부질없는 공염불이 되고 만다. 나그네는 보경사 입구에 도착해서도 그런 상념을 지우지 못한다. 한일 간의 문제만이 아니라 남편과 아내, 부모와 자식, 친구와 동료 간의 삶에 있어서도 거울처럼 비추어 보아야 할 참회의 도리가 아닌가 싶어서이다.

그런데 절 입구에 조성한 주차장에 이르러서는 상념이고 명상이고 다 증발해 버린다. 발도 붙이지 못할 것 같던 예전의 적막은 흔적도 없다. 절 부근이 관광지로 변해 있다. 저잣거리에서 날마다 보았던 사람들을 여기에서 또 보아야 하다니 길을 잘 못 든 것도 같다.

변하지 말라고 주장하는 것도 집착인 줄 안다. 부처의 말처럼 이 세상에 변하지 않는 것은 하나도 없다. 모든 것은 변해간다. 그렇고 말고, 순리에 따라 변하는 것을 섭섭해 할 일은 못 된다. 문제는 인간의 끝없는 욕망이 자연을 멍들게 하고 순리를 흩트려 놓는다는 것이다.

일주문 바로 옆에 모텔이 건설 중인데 나그네는 또 할 말을 잃고 만다. 이건 인간으로서 수행도량의 가치를 전혀 모르는 계산 착오이자 최소한의 예의나 염치도 없는 짓이다. 매화가 아무도 모르게 향기를 퍼뜨리듯 올곧게 정진하는 수행자들이 보시하는 덕화德化를 왜 모르는지 안타깝다. 절 앞에서는 작은 규모의 산사 음악회가 준비 중이다. 현수막을 보니 일요일마다 열리는 모양이다. 사람들은 감상에 젖어 저잣거리의 시름을 한 순간이나마 놓을지 모른다. 그러나 나그네는 초라한 자신을 되돌아보게 했던 예전의 그 적막이 첫사랑처럼 그립다. 마음에 닿지 않으면 보아도 보지 못하고 들어도 듣지 못한다는 말이 있다. 나그네는 계곡을 한 걸음에 건너 서운암의 작은 산문 앞에 선다. 선문 안을 기웃거려보니 뜻밖에도 좁다. 예전에는 내연산의 산그늘이 모두 내린 듯했었는데…….

1898년 중건했다는 인법당과 새로 지은 삼성각이 한 채 있고, 삼성각 뒤로는 각기 다른 형태로 된 옛 수행자의 부도들이 좌선하고 있다.

"여기 온지 석 달밖에 되지 않아 암자의 역사를 잘 모릅니다. 휴일에는 12폭의 관광객과 내연산 등산객들로 붐비지만 평일에는 썰물이 빠져나간 듯 조용합니다. 저 산사 음악회의 노랫소리도 듣는 귀에 따라 달리 들릴 겁니다. 저는 이제 들을 만합니다."

비구니 성훈스님의 얘기다. 스님은 나그네도 만난 적이 있는 내소사 지장암의 일지스님의 상좌인 모양이다. 목에 염주를 걸고 다니는 지장암의 보리 얘기를 하면서 웃는다. 이제 보리가 열세 살이 되었다고 하니 개로는 장수하고 있는 셈이다.

보리만 나이를 먹은 게 아니다. 나그네도 초로의 나이에 접어들었다. 부처는 말했다. 머리카락만 희다고 '장로'가 아니라고. 깨달아 지혜있는 이를 옛 인도에서는 장로라 불렀던 것이다. 순간을 잘 살지 못하고 흘려보내는 자신이 왠지 부끄럽다. 내연산의 12폭을 지나온 계곡의 물소리가 나그네 가슴으로도 아리게 스며든다.

포항 종합터미널에서 매 시간 보광사행 버스가 있고, 승용차로는 동해안 7번 국도를 타고, 영덕, 울진 쪽으로 가다가 송라면 소재지에서 보광사 방면으로 4km쯤 가면 된다. 서운암은 보광사 계곡 건너편에 있다. 서운암 054-261-7729

담양 추월산 보리암

# 밤이면 추월산에
# 내리는 월광보살

> 담양 읍내만 벗어나면 어디에서건 추월산이 잘 보인다.
> 평지에 솟은 산이 되어 형상이 또렷한데 보는 이에
> 따라서 다르다. 사람들은 할아버지가 누워 있는
> 모습이라고 하고, 스님들은 달마의 상이라고 한다.

 산행길에 내리는 비는 불청객이나 다름없다. 알곡이 잘 여물려면 햇살이 더 필요한 데 아침부터 비가 오락가락 하고 있다. 이렇게 비가 내리면 이번에도 고향 부근의 암자를 못 가고 또 상경할 지 모른다. 추월산 보리암을 몇 년 전부터 이런저런 핑계를 대면서 못 가고 말았음이다. 그러나 이유를 대는 사람은 이유가 없어도 할 일을 못하고 마는 경우가 많다. 비가 오건 말건 이번에는 출발하기로 작심한다. 우산을 하나 챙기고 돌길에 미끄러지지 않는 신발로 갈아 신는다.
 암자를 찾아다닌 지 벌써 10년이나 된다. 그 동안 들른 곳만도 벌써 2백 여 군데이다. 대부분 고향에서 멀리 떨어진 암자들인데 특별한 이유는 없다. 그리고 보니 등잔 밑이 어둡다는 말이 맞긴 하다. 고향 부근에도 좋은 암자들이 있는데 가보지 못한 곳이 많아서이다.

달빛에 번뇌를 잊는 추월산 보리암 전경

암자로 가는 입구에 도착하니 한 두 방울씩 떨어지던 비가
조금 더 내린다. 나뭇잎을 때리는 빗소리가 커져 가고 있다.
그러나 나그네는 우산을 펴지 않고 오른다. 돌길이므로
바위가 미끄럽기도 하거니와 산 속의 비는 젖어도 좋지 않겠는가.

    나그네는 노부모가 계시기에 때가 되면 꼭 고향을 내려오곤 하였다. 그 동안 잊고 지냈던 고향의 음식도 오랜만에 맛본다. 조금 전에도 조무래기 시절에 할아버지와 겸상하는 특권을 누리면서 먹었던, 민물새우로 만든 토하젓을 맛보았다. 맛에는 어린 시절로 돌아가게 하는 마력이 있다. 맵지 않은 고춧가루와 참깨가 섞인 토하젓이 혀끝에 닿는 순간, 살아생전 할아버지의 모습이 생생하게 떠올라 가슴이 뭉클했던 것이다.
    추월산이 있는 담양은 대나무 공예품으로 유명한 고장이다. 그런 바탕에는 대나무가 성장하기에 알맞은 따뜻한 기후와 담양 사람들의 뛰어난 손재주가 일구어낸 합작품이 아닐까 짐작된다. 담양 읍내만 벗어나면 어디에서건 추월산이 잘 보인다. 평지에 솟은 산이 되어 형상이 또렷한데 보는 이에 따라서 다르다. 사람들은 할아버지가 누워 있는 모습이라고 하고, 스님들은 달마의 상이라고 한다.

의병의 비원이 서린 추월산 보리암            돌샘물 마시고 힘내는 자리

    암자로 가는 입구에 도착하니 한 두 방울씩 떨어지던 비가 조금 더 내린다. 나뭇잎을 때리는 빗소리가 커져 가고 있다. 그러나 나그네는 우산을 펴지 않고 오른다. 돌길이므로 바위가 미끄럽기도 하거니와 산 속의 비는 젖어도 좋지 않겠는가. 어린 시절 런닝 셔츠만 입은 채 들에 나가 소나기를 맞은 기억이 난다. 옷이 비에 젖는다는 걱정보다는 살갗에 닿는 비의 부드러운 감촉은 은밀한 것이 아닐 수 없었다. 한참을 씩씩거리며 오르는데, 한 가족이 내려오면서 묻는다.

"어제 TV 보고 찾아왔는데 안만 올라가도 철계단이 안 보이네예. 이 길이 맞십니꺼."

나그네도 초행길이므로 확실하게 대답을 못해준다. 그러자 경상도에서 온 듯싶은 가족은 하산을 할까 말까 망설인다. 그도 그럴 것이 산길이 너무 가파르다. 나그네도 돌길을 따라 오르는데 이 길이 맞는지 어떤지 확신이 안 선다. 뒤돌아보니 푸른 계곡에 물이 가득 담긴 담양호가 눈 아래 펼쳐져 있다.

조금 더 오르니 보리암 공덕비가 나오고 철계단도 보인다. 그리고 좌측 골짜기 바위 위에 암자가 하나 나타난다. 나그네가 찾아가는 보리암이 분명하다. 그렇다면 오른편으로 돌아가는 이 산길이 암자로 가는 유일한 통로이다. 좌측 골짜기는 수직의 절벽이므로 산길이 있을 리 만무하기 때문이다.

보리암은 보조국사가 창건했다고 전해지지만 정확한 기록은 없다. 다만 보조국사가 지리산 상무주암에서 수행한 뒤 추월산을 들렀다가, 이 암자를 짓고 잠시 머문 후 송광사로 가지 않았을까 하고 스님들이 추측할 뿐이다.

"산이름이 추월산이듯 단풍이 불붙는 10월 중순 이후가 되면 산의 진경이 나타납니다. 그것도 달이 뜨는 밤이 더 좋습니다. 잔잔한 담양호에 붉은 산과 월광보살이 어리는 그야말로 비경을 볼 수 있습니다."

암주인 지일知一스님은 담양호가 뿜어내는 운무 속에서 펼쳐지는 일출의 장관도 잊지 않고 얘기 해준다. 비록 달밤도 아니고 일출의 시간도 아니지만 암자의 마당에 서서 스님의 얘기를 그려보니 충분히 상상이 된다. 10월 이후에 다시 찾아오라며 스님이 공양간으로 나가 하던 일을 마저 한다.

등산객들이나 정상으로 가는 길에 찾을 것 같은 암자이지만 임진왜란 때 의병장이던 김덕령 장군의 후손들도 가끔 들른다고 한다. 김덕령 장군의 부인 홍양 이씨가 왜군들에게 쫓기다가 이곳의 절벽에서 몸을 던져 순절한 곳이기 때문이다. 절벽에는 현종 6년에 담양부사 조철영趙徹永이 '홍양 이씨 순절처'라는 요지의 명문銘文을 바위에 새겨 놓았는데 아직도 또렷하다.

"이곳은 관음기도처입니다. 암자 밑에 5평 정도의 동굴법당이 있는데, 장소가 비좁아 너댓 명의 신도가 기도를 하고 있습니다."

지일스님은 좁은 동굴법당을 넓힐 생각은 없다고 얘기한다. 수십 년 전, 동굴 법당을 넓히려고 공사를 했는데, 갑자기 천둥 벼락이 쳐 마을 석수장이들이 도망쳐 내려갔다고 한다. 그 후로 스님들이 암자를 인수인계하는 자리에서도 장부에는 없는 말이지만 꼭 동굴 법당을 손대지 말라는 당부를 한단다. 달마의 상을 건드리니 노해서 그렇다는 얘기도 있지만 어쨌든 자연을 훼손하지 말라는 지혜가 담긴 속설이 아닐까 생각된다.

추월산 공원 매표소에서 산 정상으로 가는 산길은 외길이다. 그 길을 따라 1시간 30분 정도 오르면 암자에 이른다. 보리암 061-651-0966

장수 거령산 성 영월암

# 달은 나그네
# 마음속에도 떠오르리

사실 영월암처럼 '달'을 내세우는 암자는
달이 두둥실 뜬 밤길을 걸어야 제 맛이 난다.
늦은 오후, 석양의 잔광이 아직 밝을 때라 맹숭맹숭한
기분이 들지만 그래도 소쩍새 울음소리가 들려
고즈넉한 분위기가 마음을 가라앉혀준다.

  남원에서 임실로 가는 지방도로에서 농부에게 영월암이 어디쯤에 있느냐고 물으니 산성山城 안에 있다고 한다. 산성 안에 있다는 것은 망루처럼 암자의 전망이 좋다는 말이다.
  달이 오랫동안 비치는 곳에 있는 암자라 하여 영월암이라 했을 터이다. 비칠 영映, 달 월月이니까. 남원시 덕동마을을 지나 고개에 이르니 바로 영월암 초입의 산길이 나타난다. 나그네의 18번 유행가 가사가 절로 흥얼거려진다. 산모퉁이 바로 돌아 송학사 있거늘 무얼 그리 갈래갈래 깊은 산속 헤맸나아……. 영월암도 마찬가지다. 호젓한 지방도로를 의심쩍어하며 달리는데 문득 나타난 것이다.
  사실 영월암처럼 '달'을 내세우는 암자는 달이 두둥실 뜬 밤길을 걸어야 제 맛이 난다. 늦은 오후, 석양의 잔광이 아직 밝을 때라 맹숭맹숭한 기분이 들지만 그래도 소쩍새 울음소리가 들려 고즈넉한 분위기가

산성 안에 자리한 영월암

> 달빛 밟다 우러러보니 산은 첩첩 솟아 있고
> 바람 따라 귀 기울이니 물소리 차가워라
> 수행자의 살림살이 다만 이러하거늘
> 어찌 구구하게 세상의 정 따르겠는가.

마음을 가라앉혀준다.

조선조 초기를 살다간 함허스님의 선시 중에는 이런 시도 있다.

> 달빛 밟다 우러러보니 산은 첩첩 솟아 있고
> 바람 따라 귀 기울이니 물소리 차가워라
> 수행자의 살림살이 다만 이러하거늘
> 어찌 구구하게 세상의 정 따르겠는가.

나그네가 암자를 즐겨 오르는 것도 바로 이러한 상념이 좋아서다. 저 잣거리의 삶이 힘겨워 잠시 도피하는 것이 아니라, 암자로 가는 산길이 주는 정취로 촉촉하게 젖어보는 즐거움이 있기 때문이다. 나그네도 잠시나마 그 옛날 함허 스님의 기분에 공감해보는 것이다.

달이 가장 빨리 뜨고 가장 늦게 지는 영월암

    그동안 잃어버리고 살았던 것을 되찾는 기분이란! 달빛을 밟으며 흙길을 걷던 기억이 아스라할 뿐이다. 물소리에 귀를 기울이며 누군가를 그리워하던 때가 너무나 아득하여 전생의 일만 같다.

    험허스님의 법문은 간단하다. 달빛을 밟고, 물소리를 듣는 것이 당신의 살림살이라는 것이다. 그것이 너무 좋아 세상인정을 따르지 않고 암자를 지키겠다는 말씀이 아닌가. 어느 고승이 말했던가. 수행이란 그저 조용히 있는 것이다, 라고……. 몸을 혹사하며 인간의 한계상황에 도전하는 것만이 수행이 아니라는 말이다.

안내를 하기 위해 따라온 후배가 영월암을 설명해준다.

"절의 기록이 남아 전하는 것은 1910년대라고 합니다. 그러니까 그 이전의 역사는 구전인 셈이죠. 산성이 있는 지형으로 보아 암자의 역사는 오래일 것 같습니다. 이곳이 삼국시대부터 요충지였고, 일설에는 원효스님도 다녀갔다고 합니다. 지금도 암자의 위치는 남원과 임실, 장수 땅의 접점에 있습니다."

과연 암자에 다다르자, 거대한 분지가 한눈에 들어온다. 어디가 어딘지 자세히 알 수는 없으나 행정구역의 경계를 허물어뜨리며 한눈에 드는 것이다. 수행자가 수행하는 것은 중도中道를 이루기 위한 것. 중도란 양극을 여읜 무변無邊의 경지가 아닐 것인가. 이것도 아니고 저것도 아닌 바로 모든 그것인 것이다. 이런 영월암 같은 자리가 바로 수행자에게는 명당이라고 한다.

"보십시오. 여러 면面의 마을들이 내려다보이지 않습니까? 이곳 성산城山이 그만큼 전망이 좋다는 것이지요. 또한 달이 뜨는 것을 가장 먼저 볼 수 있고, 달이 지는 것을 가장 늦게까지 볼 수 있는 자리가 바로 이 암자라고 합니다."

영월암은 여느 암자와 다른 느낌을 준다. 대부분 암자에 도착하면 암자의 이곳저곳을 기웃거리게 되는데 영월암에서는 올라온 산길을 되돌아볼 뿐인 것이다. 마치 암자에 이르는 산길이 눈길을 은근하게 붙잡는다. 그러한 나그네의 모습이 이상했던지 한 스님이 무덤덤한 얼굴을 하고 지나간다. 후배는 여전히 암자의 역사를 설명하고 있다.

"이 암자도 6·25 때 소실됐다고 합니다. 전쟁이 끝난 후 복원된 것 같

아미타불을 외는 듯한 영월암 범종

어느 고승이 말했던가.
수행이란 그저 조용히 있는 것이다, 라고
했다. 몸을 혹사하며 인간의 한계상황에
도전하는 것만이 수행이 아니라는 말이다.

습니다. 그때 〈불사기佛事記〉를 보면 조계종 3대 종정을 지낸 만암 스님의 법명도 나옵니다."

요사 위로 법당인 극락전이 있어 참배를 하려는데, 여신도들이 놋쇠로 된 마지그릇을 닦고 있다. 마지그릇이 반짝반짝 윤이 나고 있다. 마지란 부처님께 올리는 밥이다. 정성을 들여 그릇을 닦고 있는 여신도들의 얼굴이 예쁘다. 부처님은 여신도들을 내려다보며 미소를 지으시고 있고…….

"선생님, 저 위에 누각이 있지요. 저 누각 이름은 성암城菴인데, 지금도 이 지방 어느 가문의 친인척들이 모여 정기적으로 제사를 지낸다고 합니다."

이상한 일이다. 암자 경내에 사당祠堂의 역할을 하는 누각이 있다니. 어쩌면 원래는 암자의 부속 누각이었는데, 숭유억불의 조선조에 빼앗긴

달을 기다리는 영월암 석양

건물인지도 모르겠다. 암자를 헐고 그 자리에 세도가의 묘를 쓰기도 한 몰염치의 시대였으니까.

　잡초 덤불을 헤치고 성암에 올라보니 유생들의 시문이 가득 걸려 있다. 사당이 아니라 야인으로 지냈던 선비의 독서당讀書堂 같기도 하다.

문득 법당을 헐어 이 누각을 짓지는 않았는지 불길한 생각이 들기도 하지만 나그네는 도리질을 하고 만다.

   누각을 내려서는데 숯불 같은 노을이 보인다. 허공을 붉게 타오르게 하는 노을이다. 오늘밤 무슨 달이 뜨려고 저러는지 궁금하다. 그런데 나그네는 하산의 걸음을 재촉하지 않을 수 없다. 돌아가는 길 위에서 달을 보던지 마음속에 뜨는 심월心月을 찾을 수밖에 없다.

암자가 위치한 행정구역은 전북 장수군 산서면 봉서리 520-1번지이다. 남원시 덕과면 소재지에서 덕동마을 쪽으로 15분 정도 승용차로 직진하여 가다보면 영월암 입구에 다다른다.
영월암 063-351-1148

서천 종천면 영수암

# 누구라도 생로병사를
# 비켜설 수는 없다

암자 마당 연못에는 연꽃잎이 무성하고,
초롱꽃이 주렁주렁 매달려 있다.
연꽃잎 향기가 암자 뜰을 맴돌고 있다.
별처럼 생긴 야생화도 수를 놓은 자수처럼 피어 있다.
스님의 섬세한 손길이 느껴지는 마당과 뜰이다.

선혜스님의 안내를 받아 영수암永守庵을 가는 길이다. 선혜스님은 나그네가 졸업한 대학의 국문과 선배다. 그러니 스스럼없이 얘기를 주고받는 사이가 됐다. 승용차 안에서 오고가는 얘기에도 자연스럽게 농담이 섞인다. 나그네는 활달한 스님을 '스님, 선배님, 누나' 하고 왔다갔다하며 부른다. 스님은 '누나 좋아하네' 하면서도 싫지 않은 모양이다. 이산가족 만난 듯한 상봉의 감회를 즐기며 가는 길이다 보니 마음은 더없이 상쾌하다.

암자를 돌아다니다 보면 그곳에 있는 수행자들을 여러 모습으로 만나게 된다. 텃밭에서 땀 흘리며 일하는 모습이 나그네가 보기에는 가장 아름답다. 그 다음은 반듯하게 참선 정진하고 있는 모습이다. 그 다음은 목탁을 치며 염불하고 있는 모습이다.

마주치기 어색한 모습도 있다. 찾아온 길손이 무얼 물어도 냉랭하게

하루종일 고즈넉한 영수암 가는 길

얕은 야산에 소나무들이 우뚝우뚝 서 있다.
비록 짧은 산길이지만 소나무는
언제 어디서 보아도 사람인 듯 반갑다.
소나무의 환영을 받으며 막다른 곳에
이르니 암자가 나그네를 반긴다.

대하는 차가운 모습이다. 그 보다 더 거북하여 발길을 돌리게 하는 모습도 있지만 여기서는 생략하기로 한다.

　암자란 불교가 아닌 다른 종교를 믿더라도 산길을 가다가 기웃거려보고 싶은 곳이다. 불교만의 고유명사가 아니라 모든 이들이 쉬어가고 싶은 보통명사이다. 수행자들의 따뜻한 말 한 마디와 아름다운 모습은 삶이 힘들고 버거운 이들에게 때로는 용기와 위로가 되기도 한다.

　나그네는 어느 암자 뜰에서 젊은 여자가 손수건으로 눈물을 훔치고 있는 모습을 본 적이 있다. 해가 기울어 날이 저무는데 일어나지 않고 두 눈이 붉어지도록 흐느끼고 있었다. 한 비구니 스님이 다가가서 저녁공양을 하라고 권유해도 고개를 흔들 뿐이었다. 그러자 비구니 스님은 '울고 싶으면 더 실컷 울고 가세요' 하고는 저녁예불을 준비하려는지 법당으로 들어갔다.

나를 성장시키는 여름암자　155

'울고 싶으면 더 실컷 울고 가세요.'

젊은 여인에게 위로가 되었을 듯싶은 말이다. 누구라도 마음껏 울고 나면 속이 후련해질 때가 있는 법이니까. 그 여인은 한동안 울고 나더니 아무 일 없었다는 듯이 엉덩이를 털고 해탈문 밖으로 사라졌다.

영수암은 마곡사 말사末寺로 등재되어 있지만 〈사찰 사전〉에도 나와 있지 않은 작은 암자다. 그래도 나그네가 영수암을 가보고 싶어했던 것은 암자 법당의 부처님이 종이로 만든 지불紙佛이라는 한 스님의 소개 때문이었다. 목불이나 철불은 많이 보았으나 지불은 처음 들은 얘기였던 것이다. 승용차가 영수암에 가까운 곳에 이르자 선혜스님이 지금 찾아가는 암자와 스님 얘기를 조금 한다.

"영수암은 입구의 소나무 숲길이 좋아요. 영수암 스님인 성도成道 스님하고는 운문사 강원 동문이고요."

과연 영수암은 과수원이 딸린 농가를 지나자마자 솔숲 고개 너머에 숨바꼭질하듯 숨어 있다. 얕은 야산에 소나무들이 우뚝우뚝 서 있다. 비록 짧은 산길이지만 소나무는 언제 어디서 보아도 사람인 듯 반갑다. 소나무의 환영을 받으며 막다른 곳에 이르니 암자가 나그네를 반긴다.

암자는 대웅전과 선방, 요사가 전부이다. 대웅전이 가장 오래된 건물인 듯싶고, 요사는 조립식 건물로 개조하여 기와집인 암자와는 튀는 분위기다. 바로 암주 선방으로 가 선혜스님이 '스님, 스님' 하고 부르니 병색이 완연한 성도스님이 나온다. 스님은 병원에서 치료받고 방금 들어와 쉬고 있는 중이란다.

그런 스님에게 이런 저런 얘기를 시키는 게 미안하다. 그런데도 스님

암자란 불교가 아닌 다른 종교를 믿더라도 산길을 가다가 기웃거려보고 싶은 곳이다. 불교만의 고유명사가 아니라 모든 이들이 쉬어가고 싶은 보통명사인 것이다.

꽃향기 감도는 영수암 경내

이 물을 끓여 백련차를 권한다. 백련의 마른 씨방과 연잎으로 만든 차라는데, 적포도주 같은 빛깔이다. 연꽃은 하나도 버릴 게 없다. 연은 모든 부분이 식용과 약용으로 쓰이는 영물인 것이다.

달빛이 깊숙이 발을 뻗는다는 방에서 차를 두어 잔 마시고 나서야 대웅전으로 나선다. 대웅전에 모셔진 주불은 석가모니불이어야 하는데, 영수암 주불은 아미타불이다.

"아미타불은 극락전에 모셔진 부처님 아닙니까?"

"글쎄요, 여기 부처님은 석가모니 부처님입니다. 문화재 담당자들이 와서 조사한 적이 있는데 380년 전에 조성된 부처님이라고 합니다."

그렇다면 영수암의 창건 시기도 최소 380년 전이라고 보아도 무방할 것 같다.

"아미타불이 지불이라고 하던데 맞습니까?"

불법을 영원히 지키라는 이름의 영수암

"아닙니다. 목불입니다."

종이로 만든 지불을 기대하고 왔는데, 나무로 만든 목불이라고 하니 실망은 되지만 그래도 이런 궁벽한 농촌을 지키는 부처님이시니 그 재료가 무엇이든 시비할 일은 아니라고 본다. 성도스님의 목소리는 더 잦아들고 있다. 문병을 온 것도 아닌데 빨리 자리를 떠나주는 게 예의일 듯싶다. 그래도 암자 이름이 수상하여 한 마디 더 묻지 않을 수 없다.

"영수암永守庵이라는 한자 의미는 무엇인가요?"

"저도 잘 모르겠어요. 다만 이 암자를 얼마나 지키기 힘들었으면 그렇게 이름을 지었을까 싶어요."

나그네가 생각하기에는 불법을 '영원히 지키는 암자'라는 뜻으로 해석도 되지만 어쨌든 지금 이 암자를 지키고 있는 이는 건강이 안 좋은 성도스님이다. 몇 해 전에 암 치료를 받았는데 또 병원에서 위장병을 치료해야 한다니 남의 일 같지 않다. 슬프게도 이 세상 어떤 사람도 생로병사에서 비켜설 수 없다는 진리가 불법의 핵심이다. 승과 속을 불문하고 그러한 진리를 받아들여 마음의 평온을 유지하는 지혜가 필요할 뿐이다.

암자 마당 연못에는 연꽃잎이 무성하고, 초롱꽃이 주렁주렁 매달려 있다. 연꽃잎 향기가 암자 뜰을 맴돌고 있다. 별처럼 생긴 야생화도 수를 놓은 자수처럼 피어 있다. 스님의 섬세한 손길이 느껴지는 마당과 뜰이다. 스님의 속뜰에도 뜰의 꽃들이 피어나 그 향기로 마음의 병을 다스렸으면 좋겠다.

서천읍에서 종천면 방향으로 4km 정도 가면 장구리가 나온다. 거기에서 영수암이란 이정표를 보고 우측 산길로 들어서면 된다. 영수암 041-953-3327

아산 설화산 오봉암

# 맹사성의 호가
# 왜 고불인지 아십니까?

암자 뒤로 다섯 개의 봉오리가 있어 오봉암이라고 했을 것 같다.
암자에 비친 오후 햇살이 눈길을 끈다.
암주 덕현스님은 오봉암에는 자랑거리가 없다고
말하지만 나그네는 법당에 머문 햇살만으로도 흡족하다.

 

아산에 화산 활동이 있었다는 것을 아는 사람은 그리 많지 않다. 그러나 아산, 온양에 온천이 발달된 것을 보면 아주 먼 옛날에 화산 활동이 활발했음을 짐작할 수 있다. 나그네가 지금 찾아가고 있는 설화산은 사화산이다. 오봉암은 설화산 북쪽에 위치한 암자이다. 왜 눈꽃雪華의 산이라고 부르게 되었는지 확인할 수는 없지만 평상에 앉아 쉬고 있는 시골 노인들 얘기에 의하면 설화산(415m)도 영산靈山이라는 생각이 든다.

붓끝처럼 뾰족하게 솟은 산봉오리의 기세가 매우 영특해 보이므로 산이 바라보이는 마을에서는 인물이 많이 난다고 노인들끼리 자랑을 한다. 조선 태종 때 영의정을 지낸 성석린과 대사헌 맹사성이 설화산 아래에서 이웃해서 산 것 말고도 여러 인물이 배출됐다는 것이다. 실제로 맹사성의 고택古宅은 지금도 잘 보존되고 있다. 나그네는 맹사성의 고택을 먼저 들러본다.

조선의 명신 맹사성이 공부했던 오봉암

  정치에 '정'자도 모르는 나그네지만 외지에 나와 신문을 보면 과연 이 나라에 청렴하고 정직한 정치인이 있는지 의심이 든다. 정말 맹사성처럼 온화하고 깨끗한 인물이 그립다. 맹사성은 고려말과 조선초를 살다간 문신이다. 자는 자명自明이고, 불교에 심취했었는지 호가 고불古佛이다. 황금을 돌같이 여기라고 말한 최영 장군의 손녀 남편이기도 한 맹사성은 음악에 밝았다. 악기를 손수 만들 줄 알았고 풍류를 즐겼다. 특히 효심이 깊어 늙은 부모를 병간하기 위해 몇 번이나 사직을 원했으나 뜻을 이루지 못하다가 호조판서 때 태종의 마음을 움직여 충청도 관찰사로 부임받아 병든 부모 곁에 머물 수 있었다.

품성이 어질고 부드러운 맹사성이었지만 조정의 중요한 일을 논할 때는 과단성이 있었다. 한 예로 그가 우의정으로 있을 때 〈태종실록〉의 편찬이 완성되자, 세종이 실록을 보고자 한 적이 있었다. 그러나 그는 단호하게 반대했다.

"왕이 실록을 보고 고치면 반드시 후세에 이를 본받게 되어 사관史官이 두려워서 그 직무를 수행할 수 없게 됩니다."

물론 현명했던 세종은 맹사성의 직언을 받아들였다. 오늘날 맹사성 같은 정치인이 몇 사람이나 있는지 궁금하다. 직언은커녕 '알아서 긴다'는 우스갯소리가 떠도는 것을 보면 씁쓸하기조차 하다. 위인은 강한 자에게는 강하고 약한 자에게는 약한 법이다. 그의 사람됨을 역사가는 이렇게 요약하고 있다.

'사람됨이 소탈하고 조용하며 엄하지 않았다. 비록 벼슬이 낮은 사람이 찾아와도 반드시 공복公服을 갖추고 대문 밖에 나가 맞아들여 윗자리에 앉히고 돌아갈 때도 역시 공손하게 배웅하며 손님이 말을 탄 뒤에야 들어왔다. 그는 효성이 지극하고 살림살이를 일삼지 않고 식량은 늘 녹봉으로 받은 것만 취했다. 출입할 때는 소를 타고 다녔으므로 사람들은 그가 재상인 줄 알지 못했다.'

오늘날 정치인의 행실이 이러하다면 무슨 소환으로 불려나갈 일도, 사람들로부터 지탄받을 이유도 없을 터. 맹사성은 나라에서 주는 녹봉 이외에는 아무 것도 탐하지 않았고, 재상이 타는 말 대신에 사람들이 그를 알아보지 못할 정도로 목동이나 타는 소를 타고 다닌 것이다.

오봉암 법당에서 듣는 목탁의 소리없는 법문

수국꽃잎이 잔설처럼 쌓인 오봉암 법당

> 목탁이란 다 알다시피 물고기 형상을
> 단순화시킨 것이다. 물고기는 잠을
> 자면서도 눈을 뜨고 있다고 한다.
> 목탁의 의미는 자명하다. 물고기처럼
> 언제나 깨어 있으라는 '소리 없는 법문'이다.

 

마을 입구에서 오십 걸음쯤 올라가니 과연 맹사성의 고택이 나타난다. 고려 말부터 벼슬에 올라 세종 때는 좌의정까지 지낸 맹사성의 집이다. 어느 정치인의 선친 묘보다 초라하다. 28평의 대지에 지은 작은 건물이다. 그런 집이지만 음악을 좋아했던 그인지라 건평에 비해 대청이 넓고 부엌 없는 온돌방이 좌우로 두 개, 처마는 검소한 홑처마이고, 지붕은 단순한 맞배지붕이다.

이만하면 고승이 기거한 암자와 다를 바 없고, 그의 호가 왜 고불인지 고개가 끄덕여진다. 집을 보면 주인의 인격을 짐작할 수 있다. 맹사성의 고택이 그러하다. 앞에서 이야기한 사연들을 고택이 증명해주고 있다.

오봉암을 올라가는 발걸음이 왠지 가볍다. 맹사성도 가끔 가까운 거리에 있는 설화산 자락의 오봉암을 찾아갔으리라. 기록은 없지만 그랬을 가능성이 충분하다. 나그네는 오봉암에 오르면서 암자 주위에 펼쳐진 봉오리들을 세어본다. 암자 뒤로 다섯 개의 봉오리가 있어 오봉암이라고 했을 것 같다. 암자에 비친 오후 햇살이 눈길을 끈다. 암주 덕현스님은 오봉암에는 자랑거리가 없다고 말하지만 나그네는 법당에 머문 햇살만으로도 흡족하다.

"이곳에 온 지 6개월 됐습니다. 이 암자의 자료가 전무합니다. 다만 법당 앞에 선 탑의 조성 연대가 고려 후기로 추정되고 있습니다."

"암자의 다른 사연은 없습니까?"

"하나가 있기는 있습니다. 법당 오른편 위에 자연석으로 된 미륵부처님입니다. 여기 와서 축원카드를 쓰고 가신 분들 중에는 서울 사람들이 많습니다. 바로 미륵부처님을 보고 가신 분들입니다."

속설俗說에 해당되겠지만 오래 전부터 전해지고 있는 얘기이니 부정할 수만도 없단다. 미륵부처님 앞에 검고 둥근 돌이 하나 있는데, 소원을 마음속으로 품고 그 돌을 흔들면 반응이 온다는 것. 이루어질 소원이라면 돌이 움직이지 않고 그렇지 않으면 꿈적도 않던 돌이 움직인다. 스님도 그런 예를 보았다고 한다. 수녀와 함께 왔던 한 대입지망생의 얘기인데, 수험생이 스님의 충고를 받아들여 욕심을 줄여 빌었더니 밀 때마다 움직이던 돌이 드디어 움직이지 않더라는 것.

믿거나 말거나 식의 얘기지만 속설에 의지해서라도 욕심을 줄일 수 있다면 사람들에게 도움을 주는 미륵부처님이 아닐까 싶다. 햇살은 이제 법당 안으로 깊숙이 들어와 있다. 소종小鐘 옆에 놓인 목탁에까지 내려와 있다.

목탁이란 다 알다시피 물고기 형상을 단순화시킨 것이다. 물고기는 잠을 자면서도 눈을 뜨고 있다고 한다. 목탁의 의미는 자명하다. 물고기처럼 언제나 깨어 있으라는 '소리 없는 법문'이다.

깨어 있음을 오해해서는 안 된다. 단순히 졸음을 견디라는 말이 아니기 때문이다. 깨어 있음이란 자기와 자기 밖의 세상을 꿰뚫어보는 성찰인 것이다. 내가 지금 어디에 발을 딛고 있는지 무슨 행동을 하고 있는지 그것이 옳은지 그른지를 한눈 팔지 않고 바로 살펴보고 있음을 말하는 것이다. 스님이 암자 마당으로 나와서 새끼 진돗개의 이름을 부른다.

"해탈아, 해탈아."

그 소리를 나그네는 한참 뒤에야 마음으로 듣는다. 암자의 돌계단을 내려서면서 '아하, 그게 바로 해탈의 길이구나' 하고 깨닫는다. 물고기처럼 늘 깨어 있는 것, 그것이 바로 해탈의 길임을.

아산시 배방면 중리에 있는 맹사성 고택을 지나 온양 쪽으로 조금 나가면 초원아파트와 장부리 마을이 나온다. 장부리 마을을 관통하는 소로를 타고 승용차로 10여 분 오르면 오봉암에 이른다.
오봉암 041-544-0995

한라산 영실 존자암

# 뼈를 남길 것인가, 사리를 남길 것인가

> 뼈와 사리는 같은 말이다.
> 깨닫지 못한 사람이 죽으면 뼈가 되고,
> 부처가 되면 사리가 된다.
> 사리탑 앞에서 나그네는 상념에 잠긴다.
> 죽어서 뼈를 남길 것인가, 사리를 남길 것인가.

남국선원에서 하룻밤을 자고 존자암尊者庵으로 가는 중이다. 남국선원의 선원장 혜국스님의 이야기가 뇌리를 떠나지 않는다. 남국선원은 안거安居가 있는 선방과 한 번 들어가면 나오지 못하는 무문관無門關을 운영하는 선원이다. 무문관은 감옥의 독방처럼 끼니를 넣어주는 창구만 있는 선방으로 문은 자물쇠로 잠궈버린다. 거기에 시계가 있을 리 없다. 세속의 시간을 뛰어넘는 삼매만 있을 뿐이다. 혜국스님은 무문관에 들어가는 수행자에게 이렇게 말하며 긴장을 풀어준다고 한다.

"새소리를 듣고 꽃향기를 맡으면 세월이 어떻게 흘러가는지 알게 됩니다. 1월에는 머슴새가 삐이삐이 울고, 5월에는 뻐꾸기와 밀화부리가 울고 찔레꽃 향기도 납니다."

두 달쯤 가면 무문관에 넣은 식기가 나오지 않을 때도 있단다. 두 가지 중에 하나라고 한다. 삼매에 들어 식기가 들어오는 줄 모르거나, 몸에 이상이 생겨 쓰러져 있거나 둘 중에 하나라는 것이다.

무문관에 들어가려는 수행자들이 줄을 서 있다고 한다. 무문관의 방 숫자가 한정되어 있기 때문이다. 나그네가 갔을 때도 한 수행자가 찾아와 무문관의 입실을 준비하고 있었다. 스님이 건강이 좋아 보이지 않는다고 체력을 보강한 후에 들어가라고 권유하는데도 막무가내였다.

지금까지도 찬물을 맞은 듯한 기분이다. 느슨하게 살았다는 자책감도 든다. 존자암까지 안내해주겠다는 남국선원 원주스님이 우스갯소리를 하여 긴장감을 풀어준다. 스님은 큰 체구와 달리 조그만 미물에 대한 사랑이 각별하다. 절 웅덩이에 자라는 올챙이와 도롱뇽에게 관심이 많다. 비가 와 저 아래로 떠밀려 가면 다시 데려와 웅덩이에서 살게 해준단다.

멀리 누렇게 익은 보리밭이 보인다. 뭍에서는 볼 수 없는 풍경이다. 제주도는 주로 보리 농사를 지어 주식으로 삼아왔으며, 논농사는 물이 많은 서귀포의 돈내코 부근에서만 이루어졌다고 한다. 인암스님에게 돈내코의 어원을 묻자, 마을 노인들의 이야기라며 들려준다.

돈은 멧돼지를 가리키고, 내는 냇물이고, 코는 입구라는 뜻이란다. 그러니까 멧돼지들이 물을 먹으러 내려와 살았던 곳이라는 것이다. 그럴듯한 풀이이지만 정확한지는 모르겠다. 존자암은 행정구역상으로는 남국선원과 같이 서귀포시이다. 잘 닦인 한라산 산자락의 도로를 30여 분쯤 달리자 영실靈室이라는 곳이 나온다. 영실에서 한라산을 오르는 등산객들은 오른편 길로 오르고, 존자암을 참배하는 사람들은 왼편 산길로 들어서고 있다.

나그네가 일찍이 존자암을 가보고 싶었던 이유 중에 하나는 오랜 창건의 역사 때문이었다. 2500여 년 전에 창건되었다고 하니 석가모니 부처님이 살아계실 때와 비슷하다. 역사 상식으로는 고구려 소수림왕 2년에 불교가 전래되었다고 배워왔는데, 존자암에서 말하는 창건역사는 설화처럼 반신반의하게 했던 것이다.

정말 기원전에 불교가 제주도로 들어왔을까. 물론 북방으로만 불교가 전래되었다고 믿지는 않는다. 바다를 이용해서 남방에서 불교가 들어왔다는 학설도 있는 것이 사실이다. 김해 은하사나 해남 미황사의 창건설화도 바다로부터의 전래를 이야기하고 있다.

오늘은 역사적 사실관계를 떠나 존자암이 전해주는 이야기에 귀를 기울여보고 싶다. '법주기'란 부처님의 진리가 여러 나라로 퍼져 나간 기록을 의미하는데, 고려대장경 제 30권의 법주기法住記의 기록을 요약하면 다음과 같다.

석가모니 부처님이 열반한 후, 정법을 펼치라는 부처님의 유훈을 받들어 16존자가 여러 나라에 가서 살게 되었는데, 16존자 중 여섯 번째 존자인 발타라 존자가 9백 명의 아라한을 데리고 탐몰라주에 와서 살았다는 것이다. 발타라는 한자로는 호현好賢: 어진 것을 좋아함이고, 탐몰라주는 탐라를 말하니 지금의 제주이다. 조선조 연산군 4년의 무오사화 때 제주도로 유배 온 홍유손이 지은 〈소총유고〉에도 존자암의 창건 역사가 보인다. 제주도에 삼성三姓인 고高 양良 부夫 씨가 처음 일어날 때 존자암이 창건됐다고 하니 아주 오래 역사를 강조하고 있다.

신령스러운 땅이라는 뜻의 영실이나 존자암 뒤쪽의 산인 불래악佛來岳: 불래오름의 지명은 불연佛緣이 깊은 곳임을 나타내주고 있는 것 같다.

산길에 모노레일이 설치되어 처음에는 어안이 벙벙했으나 암자에 도

기원전에 인도에서 온 발타라 존자가 불법을 편 존자암

사리가 봉인된 존자암 부도

정말 기원전에 불교가 제주도로 들어왔을까. 물론 북방으로만 불교가 전래되었다고 믿지는 않는다. 바다를 이용해서 남방에서 불교가 들어왔다는 학설도 있는 것이 사실이다. 김해 은하사나 해남 미황사의 창건설화도 바다로부터의 전래를 이야기하고 있다.

착하고 보니 이해가 된다. 존자암을 복원하기 위해 건축자재를 실어 나르고 있다. 암자는 불사가 한창이다. 이미 지어진 건물은 대웅보전과 국성재, 그리고 요사 한 채이다. 국성재는 존자암이 관의 지원을 받았던 암자임을 말해주고 있다.

실제로 암자 불사를 감독하고 있는 사무장이라는 거사에게 물어보니 친절하게 얘기해 준다.

"암자에 나라의 제사를 지내는 제단이 있었습니다. 매년 음력 4월 중에 제주도의 삼읍 현감 중에 한 분이 목욕재계하고 제사를 지냈다고 합니다. 제사 경비는 조정에서 암자에 하사한 논이 있어 충당했다고 합니다."

관리들의 횡포가 얼마나 심했을까 하는 생각도 든다. 현감이 온다 하면 농사를 짓다가도 스님들이 동헌까지 나가 가마를 맸을 터이고, 온갖 궂은 시중을 다 들었을 터이니 말이다. 국성재가 있으므로 해서 존자암

스님들은 벼슬아치들에게 수모를 당하고 살았을 터이다. 홍유손보다 1백년쯤 후에 안무어사로 제주도를 찾은 김상언이 존자암을 찾았을 때는 폐사나 다름없이 스님들이 떠나버리고 없었다. 김상언은 그때의 정황을 다음과 같은 시 한 수로 남기고 있다.

> 처음 세우기는 멀리 삼성이 태어난 날로부터이니
> 폐하여 일으킴이 거듭 드리워 몇 해의 공력이이런고
> 거쳐가는 스님이 없어 적막하고 노니는 이 적으니
> 문에는 푸른 이끼가 덧끼었고 낙엽만 붉게 타는구나.

주지스님은 아직도 참배객들을 모아놓고 법당에서 설법을 하고 있다. 사무장 거사에게 물어보니 앞으로 2시간 후에나 끝날 것 같다고 한다. 할 수 없이 나그네는 사리탑으로 올라가 합장을 한다. 부처님의 진신사리가 모셔진 사리탑이라고 전해지고 있다. 고려시대에 만들어진 범종 모양의 사리탑이다.

뼈와 사리는 같은 말이다. 깨닫지 못한 사람이 죽으면 뼈가 되고, 부처가 되면 사리가 된다. 사리탑 앞에서 나그네는 상념에 잠긴다. 죽어서 뼈를 남길 것인가, 사리를 남길 것인가.

제주공항에서 버스터미널로 가 1100고지로 향하는 버스를 탄 후 영실에서 내리면 된다. 영실에서 암자까지는 1km 정도의 거리이고 걸어서 20분쯤 걸린다. 존자암 064-749-1414

나를 사색하는 가을암자

장안읍 불광산 척판암

# 해가 가장
# 빨리 뜨는 암자

원효스님이 해가 빨리 뜨는 이곳을 찾아 터를 잡은 이유도 조금은 잡힐 듯하다. 원효의 효曉는 다 알다시피 새벽 효자다. 수행자는 어떤 길을 걷던 스스로 새벽이어야 한다는 의미가 아닐까.

상념에 잠기게 하는 깊은 가을이다. 이런 날의 여행은 덜컹덜컹 하고 울림을 주는 기차가 좋다. 의자에 몸을 묻은 채 따스한 햇살을 쬐며 마음의 뜰을 걸어보는 것이다. 종착역에 도착할 때까지 굳이 무슨 생각에 매달리지 말고 무심코 떠오르는 단상들을 흐르는 구름이듯 바라보기만 해도 그만이다.

나그네도 이번 척판암을 찾아가면서 부산까지는 다섯 시간 동안의 기차여행을 즐겼다. 물론 부산에서 장안읍까지는 암자를 좋아하는 부산의 김윤환 불자의 승용차에 무임승차했지만. 척판암擲板庵은 도예를 하는 신경균 작가가 한번 들러보라고 추천한 적도 있고, 나그네가 가장 우러르는 원효스님이 말년에 터를 잡은 곳이어서 오래 전부터 가보고 싶었던 암자이기도 하다.

신 작가가 작업하는 장안요長安窯에 들러 일행은 '금강산도 식후경'

원효스님의 정신을 지키는 노스님

> 척판암은 요석공주와 설총의 한恨이 묻어
> 있음직한 곳이 아닐 수 없다. 뒹구는
> 낙엽에 산그늘이 재이고 있어 그런가.
> 나그네 가슴에도 그늘이 진다.
> 이루지 못한 요석공주의 사랑과
> 아버지라 부르지 못한 설총의 고독이
> 애처로운 것이다.

이란 경구를 떠올린다. 서둘러 왔는데도 벌써 오후 2시다. 신 작가 부부가 내온 점심에서도 나그네는 '맛' 과 '멋' 이 이복동생이라는 것을 알게 된다. '허기를 치료하다' 정도로 요기란 단어를 거칠게 풀이할 수도 있을 텐데 밥그릇 국그릇 찬그릇 모두가 신 작가의 작품이어서 나그네는 '멋' 과 '맛' 을 동시에 요기한 것이다. 생다시마로 유명한 기장 앞 바다에서 잡았다는 광어회도 불제자로서 계율을 따지기에 앞서 쫀득쫀득한 맛이 혀를 즐겁게 해준다.

뿐 아니라 공양이 끝나갈 무렵 신 작가가 방에서 모시고 나온 불두佛頭의 미소야말로 방문의 절정이라는 느낌이다. 경북 어느 지방 개울에서 발견한 돌부처님이시다. 누구라도 처음 볼 때는 어리둥절할 것만 같다. 시골의 아낙들이 아들 낳게 해달라고 눈과 코를 다 떼어간 데다 머리카락은 비바람에 풍화되어 흔적만 남아 있기 때문이다.

안밖이 정갈한 암자의 내면

 그러나 돌부처님의 미소만큼은 밝고 또렷하다. 양 입 언저리마저 떼어 갔지만 오히려 입가가 깊어진 바람에 미소가 더욱 커 보인다. 순간 나그네는 부처님의 자비가 무엇인지를 깨닫는다. 자신의 눈과 코, 온몸을 다 주고도 미소를 잃지 않는 것이 '진정한 자비'가 아닐까 하는 깨달음이다.

척판암 선방 입구

오후 3시.

신 작가가 서둘러 앞장을 선다. 가을 산의 오후는 산그늘이 바쁘게 지기 때문이다. 시간이 이르다면 척판암 입구에 있는 장안사에 들르고 오르겠지만 뒤로 미루지 않을 수 없다. 다행히 암자 초입의 이정표에 척판암까지는 도보로 15분이라고 쓰여 있다. 땀이 한두 방울 돋을 때쯤이면 도달할 수 있는 거리다.

척판암은 원효스님이 창건하고 처음에는 담운사談雲寺라 했다고 전해진다. 절 이름이 담운사에서 척판암으로 바뀐 것은 다음과 같은 이적에서 유래하고 있다.

나를 사색하는 가을암자 185

우리나라에서 일출이 가장 빠른 간절곶

사립문이 보초처럼 서 있는 선방으로 들어서자, 멀리 동해가 보이고 산자락들이 수행자의 장삼자락처럼 휘감겨 있다. 특히 정면으로 보이는 곳이 우리 나라에서 일출이 가장 빠른 '간절곶'이라 하니 수행터로서 최적지라는 감탄이 인다.

당나라 태화사에서 수행하던 천 명의 승려가 장마로 인한 산사태로 매몰될 위기에 놓이자, 원효스님이 '효척판이구중曉擲板而救衆'이라고 쓴 큰 판자를 하늘로 날려보내 태화사 허공에 뜨게 하였다는 것. 이런 광경을 보고 놀란 태화사 승려들이 일제히 법당에서 나오는 순간 뒷산이 무너져 죽음을 면했다고 하며, 이후 태화사 승려 천 명이 원효를 찾아와 가르침을 받고 깨우쳤다는 데서 척판암으로 고쳐 부르게 되었다는 이야기다.

암자에 다다르자, 보일寶日 주지스님이 약수 자랑부터 한다.

"약수는 서출동수西出東水, 서쪽에서 나와 동으로 흐르는 물이어야 합니다. 저잣거리에서 중생을 교화하던 원효스님도 오십대 중반에 오셔서 지친 몸을 이곳 약수로 푸셨고, 판사출신 효봉 종정스님도 3개월, 종정이셨던 혜암스님도 6개월간 이곳 약수를 마시며 기운을 내셨던 곳입니다."

보일스님의 말투는 흔쾌하게 토해내는 웅변조다. 나그네와의 인연도 강조한다.

"정 거사님의 〈산은 산, 물은 물〉도 두 번이나 읽어보았습니다. 그런데 거기에 시봉하는 스님이 묘관음사에 계시던 성철스님과 향곡스님의 한약을 달이기 위해 30리 떨어진 곳까지 가서 약수를 길어 날랐다는 얘기가 나오는데, 그 샘물이 바로 이 척판암 약수입니다."

보일스님의 말이 떨어지자마자 일행은 약수를 마시러 간다. 보일스님 처소 위로 5분 거리에 원효스님이 좌선하던 좌선대도 있다고 하나 나그네는 법당에서 참배하는 것으로 대신하고 만다. 법당에서 바라보는 전망만 해도 가슴이 뚫리는 기분이다. 저 멀리 드넓은 억새밭으로 유명한 천성산이 있고, 그 옆으로 대운산 능선이 있고, 나그네가 서 있는 척판암은 불광산 자락이다. 예전에는 스님들이 지팡이 짚고 쉬엄쉬엄 걸어 다녔던 산길이라 한다. 그렇다면 당나라 태화사에서 제자가 되겠다고 찾아온 천 명의 중국승들도 원효스님을 따라 저 산길을 걸어왔으리라. 설총을 낳은 요석공주도 원효스님이 오매불망 그리워 천성산 억새밭을 걸으며 눈물을 떨구었을 것이고. 안방 드라마에 나오는 신파 같아 슬그머니 웃음이 나오기도 하지만 원효스님을 만나고 싶어하는 요석공주의 심정이야 얼마나 간절했을까. 그런데도 인간사에 걸림 없는 원효스님은 설총을 낳은 후 척판암으로 들어와 은거해 버린다.

척판암은 요석공주와 설총의 한恨이 묻어 있음직한 곳이 아닐 수 없다. 뒹구는 낙엽에 산그늘이 재이고 있어 그런가. 나그네 가슴에도 그늘이 진다. 이루지 못한 요석공주의 사랑과 아버지라 부르지 못한 설총의 고독이 애처롭다. 그러나 산을 다니면서 늘 느끼는 점이지만 감상이 발

붙일 수 없는 곳이 바로 암자이다. 보일스님이 안내하는 사립문이 보초처럼 서 있는 선방으로 들어서자, 멀리 동해가 보이고 산자락들이 수행자의 장삼자락처럼 휘감겨 있다. 특히 정면으로 보이는 곳이 우리 나라에서 일출이 가장 빠른 '간절곶'이라 하니 수행터로서 최적지라는 감탄이 인다.

원효스님이 해가 빨리 뜨는 이곳을 찾아 터를 잡은 이유도 조금은 잡힐 듯하다. 원효의 曉는 다 알다시피 새벽 효자다. 수행자는 어떤 길을 걷던 스스로 새벽이어야 한다는 의미가 아닐까. 새벽처럼 선각의 길을 걸었던 분이 바로 원효스님이시다.

부산에서 장안사까지는 승용차로 밀리지 않으면 40분, 보통 1시간 정도 걸린다. 척판암은 장안사에 왼쪽으로 난 산길을 따라 가면 주차장이 나오고 거기서 다시 산길을 15분 가량 오르면 암자에 다다른다. 척판암 051-727-3537

양산 영축산 비로암

# 봉사란 남의 눈치 보지 않고
# 묵묵히 하는 것

> 햇살이 산길에 비친 것을 보면 참으로 공평하다.
> 차별이 없다. 상수리나무 잎이나 도토리 잎을 가리지 않고
> 공평하게 비쳐 준다. 자비라는 말이 떠오르게 한다.

 

늦가을 햇살이 금싸라기처럼 느껴진다. 산길에 낟알처럼 내린 햇살을 밟는다. 풀숲에는 뱀의 허물이 간간이 보인다. 허물을 보니 수행자들의 동안거冬安居가 생각난다. 얼마 있으면 저잣거리를 떠돌던 만행을 접고 동안거에 들어가리라. 뱀도 수행자와 같이 먼저 동안거에 들어간 것 같다. 거듭나려는 뱀의 허물 벗기다.

햇살이 산길에 비친 것을 보면 참으로 공평하다. 차별이 없다. 상수리나무 잎이나 도토리 잎을 가리지 않고 공평하게 비쳐 준다. 자비라는 말이 떠오르게 한다. 더욱이 나그네는 비로암毘盧庵으로 오르는 중에 경봉 큰스님이 머물렀던 삼소굴三笑窟을 먼저 가고 있는 것이다. 비로암 암주 원명圓明스님은 경봉 큰스님을 오랫동안 모셨던 상좌였으니 나그네도 예의를 갖추고 싶어서다.

작년 이맘때쯤이었다. 우연히 경봉스님을 몇 십년 따랐다는 한 할머

늦가을 햇살이 뒹구는 비로암 마루

사랑하는 마음으로 능히 중생을 즐겁게 하고
측은해 하는 마음으로 능히 중생의 괴로움을 뿌리뽑으리

니 신도로부터 귀한 증언을 한 토막 들었다. 불가佛家에는 이런 계송이 전해지고 있다.

> 사랑하는 마음으로 능히 중생을 즐겁게 하고
> 측은해 하는 마음으로 능히 중생의 괴로움을 뿌리뽑으리.
> 以慈能與衆生之樂 以悲能與拔有情之苦

남을 기쁘게 하고 이웃의 눈물을 닦아 주는 것이 곧 자비라는 말이다. 그런데 20여 년 전에 돌아가신 경봉스님은 눈물이 아니라 버림받은 이의 피를 닦아 주고 그를 제자로 삼은 일화를 남기신 것이다.

경봉스님의 법문을 아직도 줄줄 외는 올해 팔십일 세가 되신 할머니

스님의 원력처럼 반듯한 탑

다. 60년대 초만 해도 피를 토하는 떠돌이 폐병 환자가 많았다고 한다. 그런 폐병 환자 중 한 사람이 거지가 다 된 꼴로 극락암 삼소굴을 찾았다. 큰절 통도사에서 받아주지 않자 기진맥진 산길을 올라온 것이다. 스님 혼자서 독경을 하고 있는데, 환자가 기어드는 목소리로 물었다.

"스님, 하룻밤 묵어 갈 수 있습니까?"

스님이 허락했다.

"들어오시오."

그런데 환자는 방에 들어서자마자 스님의 얼굴과 장삼에 피를 쏟아 냈다. 그런 후 쓰러져 버렸다. 스님은 아무 말 없이 환자의 얼굴에 묻은 피를 닦아 주고 자신의 새 장삼을 꺼내 환자에게 입혔다. 스님 자신도 얼굴에 묻은 피를 씻고 새 장삼을 꺼냈다. 한 시간 후쯤 눈을 뜬 환자는 면목이 없어 방을 나서려 했다.

"스님께 피를 토했으니 죄송합니다. 지금 이 방에서 나가겠습니다."

환자가 방을 나서려 하자 스님이 말렸다.

"밖이 추우니 나가면 죽습니다. 마침 위에 빈 암자가 있으니 머무르시오."

이불을 줘서 빈 암자로 보내고 난 다음 날부터 스님은 환자를 정성껏 돌보아 병을 낫게 하고 제자로 만들었다는 이야기였다.

그 때 나그네는 산골 집으로 돌아와 벼락을 맞은 듯 멍하니 보냈던 생각이 난다. 관념적으로만 받아들이던 자비가 무엇인지를 실감해서였다. 진정한 수행자란 이웃의 눈물과 피고름을 닦아 주는 자신의 화신化身이어야 하지 않을까 싶었다. 신중의 수행자뿐만 아니라 우리도 마찬가지. '자비의 실천'이 없다면 날마다 절에 가 천만 번 기도한들 어느 세월에 부처를 닮을 수 있을 것인지 되묻지 않을 수 없다.

비로암은 삼소굴 오른쪽으로 난 샛길로 걸어서 5분여 거리에 있다. 경봉스님은 자신의 상좌인 원명스님을 가까이 두고 싶어 했던 것 같다. 비로암은 고려 충목왕 1년(1345년)에 영숙靈淑스님이 창건한 이후 임진왜란 때 불타 없어졌다가 조선 선조 11년(1592년)에 덕장德藏스님이 증건한 뒤 다시 법당 등이 허물어진 채 방치되어 오다가 6·25 전쟁 이후 원명스님에 의해 복구되었다고 한다.

비로암 법당에는 비로자나불이 주불로 봉안되어 있다. 비로자나불이란 진리를 상징하는 부처님이다. 석가모니불이 육신불肉身佛이라면 비로자나불은 법신불法身佛이다. 법당으로 먼저 들어가 삼배를 올린다. 그러니까 나그네도 삼배하는 순간만은 진리에 귀의하겠다는 맹세를 하고 있는 셈이다.

비로자나불이 웃고 있다. 한 손으로 다른 손의 검지를 쥐고 있다. 야구 감독이 선수에게 사인을 보내는 동작이나 마찬가지다. 비로자나불이 나그네에게 그런 손 모양으로 사인을 보내고 있다. 중생과 부처는 하나라고. 절 하는 이나 절 받는 부처나 같다는 뜻이다.

원명스님의 방은 법당 바로 옆이다. 스님과 마주앉아 차를 마신다.

"비로암은 대밭 밑에서 나오는 약수가 좋지요. 나는 미래 중생을 위해 암자에 비나 새지 않게 관리하며 살고 있어요."

원명스님은 자랑할 게 있다면서 얘기를 꺼낸다.

"통도사 주지 산 것이나 극락암에서 원주 산 것이나 자랑할 일이 못 됩니다. 하지만 여수 돌산 향일암의 물을 해결해 준 일은 지금 생각해도 흐뭇해요. 내 상좌하고 기도하러 갔는데 그 때 마침 가물어서 세수할 물이 없었어요. 돌아갈까 생각하다가 밤에 만경창파에 어린 달빛을 보게 됐어요. 법열에 잠겨 한밤중까지 앉아 있다가 이런 수행처를 그대로 둘 수 없다고 원願을 일으켰지요. 극락암으로 돌아와 노장님(경봉스님)께 말씀드리며 시주자를 모아서 결국 지하수 물을 해결했어요."

만경창파에 비친 달빛을 보면서 깨침의 경계가 있다면 바로 이런 것이 아닐까 하고 체험했다는 원명스님의 얘기는 경봉스님과의 인간적인 일화까지 확대된다.

30여 년을 시봉하면서 경봉스님에게 들었던 유일한 법문이 있다면 바로 이 한 마디였다고 한다.

원명스님이 힘든 원주 생활을 그만두려 하자,

"너 알고 나 알고 삼세제불三世諸佛이 알면 됐지, 사람들이 알아준들 알아주지 못한 들 그걸로 뭐 할 것이냐. 그러니 더 참고 살아라. 선방 원주는 팔지八智 보살이 아니면 못한다."

나그네의 가슴에 문득 환하게 불이 켜진 듯하다. 선방 원주라 하면 참선 수행자들이 정진을 잘하도록 선방 밖에서 의식주를 돕는 스님을 말하는데, 일종의 봉사 소임이다. 봉사란 남의 눈치 보지 않고 묵묵히 해야 된다는 경봉스님의 말씀이다. 자신이 알고 세상의 모든 부처들이 말 없이 보고 있는 일이니 봉사보다 더한 수행도 없을 터이다.

비로암 마루에도 햇살이 머물러 있다. 나그네는 비로소 참 봉사가 무엇인지 깨닫는다. 돌아가신 지 25년이 넘었지만 경봉스님의 덕화德化는 참으로 넓고 깊다. 햇살처럼 따스하다.

경부 고속도로에서 양산 나들목으로 들어와 통도사 일주문을 지나 20여분 직진하면 비로암에 다다른다. 가는 길에 극락암 자장암 입구도 보인다. 비로암 055-382-7087

경주 남산 칠불암

# 남산 일곱 부처의
# 미소를 만나다

나그네는 부처의 미소를 접하는 순간 전율이 느껴진다.
무정의 바위에 어찌하여 유정의 미소를 새길 수 있다는 말인가.
미소가 있음으로 해서 바위는 살아 있는 생명이 되어 있다.

정작 보고 싶은 것은 아껴두고 싶은 법이다. 마음의 텃밭에 솟대처럼 세워둔 신성神性이 흐려져 버릴 수도 있기에 그렇다. 흑백 사진으로만 눈에 담아둔 남산의 일곱 부처의 미소도 나그네에게는 그런 신성으로 남아 있어 왔다.

그래도 찾아 온 시절 인연은 어쩔 수 없나 보다. '시절 인연'이란 말은 인연에도 때가 있다는 절집의 단어이다. 암자를 10여 년 동안 순례하면서 남산의 칠불七佛은 마음에만 두고 다녔는데, 지난 해 겨울 중국 땅 안휘성에서 한 스님을 우연히 만난 것이다. 스님은 북경대학에서 선학禪學을 공부하여 철학박사 학위를 받은 학승이자 남산 칠불암七佛庵의 주지였다.

그 자리에서 나그네는 스님에게 남산 칠불암을 한번 들르기로 약속했던 것이다. 남산은 신라 사람들의 이상향이었다. 더 신앙적으로 얘기하

풍진 세상을 굽어보고 계신 돌부처님

나그네는 일곱 부처의 미소 앞에 무릎을 꿇는다.
천년의 미소 앞에 삼배를 올린다. 옳거니,
어떤 상황에서도 휘둘리지 않고 빙그레
미소지을 수 있는 인격, 바로 그것이
부처가 도달한 경지가 아닐까.

면 신라 사람들이 고달플 때 찾는 현생의 불국佛國이었다. 이상향은 미래의 것이고, 불국은 현재의 정토이다. 신라 사람들은 남산에 절을 짓고 탑을 세우고 바위마다 부처를 새겼던 것이다.

버스터미널에 내려 스님에게 전화를 하니 주요 지형지물을 알려준다. 화랑교육원, 통일전, 남산사, 남산동, 사과과수원, 외길의 산길……. 산길 끝에 암자가 있다는 설명이다. 40여 분 정도 오르는 산길이라면 땀을 한두 번은 쏟아야 하는 거리다.

스님의 법명이 월암月庵이라 했던가. 남산과 잘 어울리는 느낌이 든다. 월암의 달月과 남산의 부드러움이 조화로운 것이다. 조화로 치자면 푸른 소나무와 검은 바위도 마찬가지다.

버스터미널에서 승용차로 15분쯤 달리니 바로 남산동이 나오고 비포장 도로 끝에 과수원이 나타난다. 산길은 솔숲 사이로 뻗어 있다. 외길

예나 지금이나 중생들의 귀의를 받는 칠불암 부처님

이라고는 하지만 초행의 산길은 헷갈리기 마련이다.

 그렇다. 알면 쉽지만 모르면 한없이 헷갈리는 것이 길이다. 우리가 걷는 삶의 길도 마찬가지. 그래서 길을 깨달은 이를 도인道人이라고 부른다.

>
> 십리에 인기척 없고
> 산은 비었는데 봄새가 운다
> 스님 만나 앞길을 물었건만
> 스님 가고 나니 길은 다시 헷갈려.
>
> 十里無人響 山空春鳥啼
>
> 逢僧問前路 僧去路還迷

연꽃같은 미소가 영원한 부처님

또다시 솔바람 소리가
칠불의 몸을 씻어주듯 파도처럼 다가온다.
나그네도 칠불처럼
솔바람 소리에 몸을 맡긴다.
미소를 짓는다.

맹물처럼 심심한 시지만 가만히 읊조려 보면 절로 고개가 끄덕여진다. 길을 물어 가지만 길이 헷갈린다고 시인은 자신의 인생 길을 노래하고 있는 것이다!

산길을 좀 오르니 어디선가 파도 소리가 들린다. 발걸음을 멈추고 두리번거리는데 갑자기 온몸이 시원해진다. 나그네는 아하! 하고 탄성을 지른다. 계곡을 지나치는 바람이 소나무를 흔드는 소리가 아닌가. 이 솔바람 소리를 일러 어느 노승은 파도 치는 소리와 같다고 했던가. 나그네는 다시 소리내어 중얼거린다.

"송도활성松濤活聲."

우리말로 풀자면 솔바람 소리가 쏴아쏴아 파도치듯 살아 움직이듯 들린다는 말이다. 시각과 청각이 겹치는 눈과 귀를 맑게 해주는 남산의 솔바람 소리가 아닐 수 없다. 땀 흘리며 암자를 오르는 것도 이런 통쾌함이 있기 때문이다. 몸과 마음이 헹구어지고 잡념이 사라지는 것이다.

이윽고 암자에 도착하여 뒤돌아보니 서라벌이 한눈에 들어온다. 산세는 자비로운 기운이 감돌고, 산자락들은 어머니의 팔처럼 그윽하게 뻗어 있다. 솔바람 소리는 더 가까운 발 밑에서 들려온다. 나그네가 서 있는 곳은 미타봉이 건너다 보이는 관음봉 바로 아래다. 산봉오리 이름마저 부처의 이름이다. 나그네를 기다리고 있던 월암스님이 칠불을 설명해 준다.

"석굴암 부처님의 모델이 된 부처님이라고 합니다. 시기적으로 약 50년 가량 앞서 있거든요. 이 본존 부처님이나 석굴암 부처님이나 모두 동쪽을 응시하고 있다는 것도 비슷합니다. 저 위에는 구름을 타고 있는 관세음보살님이 있습니다."

"구름을 타고 있다는 말입니까?"

"바위에 구름문양이 있고 그 위에 관세음보살님이 화려하게 조각되어 있지요."

나그네는 부처의 미소를 접하는 순간 전율이 느껴진다. 무정의 바위에 어찌하여 유정의 미소를 새길 수 있다는 말인가. 미소가 있음으로 해서 바위는 살아 있는 생명이 되어 있다.

'정녕 존재하는 모든 것에는 불성(영성)이 있는 것인가.'

일곱 부처의 미소가 드러난 바위를 보니 절로 소리내어 중얼거리지 않을 수 없다. 말없는 바위 속에도 부처가 숨어 있음이다. 석공은 부처를 조각한 것이 아니라 바위 속에 숨은 부처를 밖으로 드러냈을 뿐이다.

나그네는 일곱 부처의 미소 앞에 무릎을 꿇는다. 천년의 미소 앞에 삼배를 올린다. 옳거니, 어떤 상황에서도 휘둘리지 않고 빙그레 미소지을 수 있는 인격, 바로 그것이 부처가 도달한 경지가 아닐까. 부처는 바로 그런 깨달음을, 미망未忘에 사로잡혀 사는 우리에게 가르쳐주는 것이다. 나그네는 칠불의 미소를 만나 그런 사색을 한동안 한다. 비록 일곱 부처의 미소를 만나는 데 7년이 걸렸지만 아쉬움은 없다. 가슴에 마지막까지 남겨두고 그리움이 목에 찼을 때 찾아와 만나고 싶었기에.

또다시 솔바람 소리가 칠불의 몸을 씻어주듯 파도처럼 다가온다. 나그네도 칠불처럼 솔바람 소리에 몸을 맡긴다. 미소를 짓는다.

경주버스터미널에서 신문왕릉 가는 길로 가다 보면 왼편으로 화랑교육원 들어가는 입구가 보인다. 그 소로를 따라 가다 보면 통일전이 나오고 남산동에 이른다. 마을을 지나면 사과밭이 있고 외길이 나타난다. 걸어서 40여 분 정도 산길을 오르면 암자에 이른다.
칠불암 011-565-7889

광양 백운산 백운암

# 삶이란 고통의
# 바다를 건너는 것

스님이 차 대신 고로쇠나무 물을 바루에 한가득 담아 준다.
멀리 보이는 전망이 그만이다. 순천만과 무등산과 모후산,
조계산 등이 한눈에 들어온다. 동행한 친구가
"스님, 이 곳에 있으면 세상이 보입니까?" 하고 묻자 미소를 짓는다.

    내일은 비가 온다고 한다. 그래서 서둘러 나선 길이다. 비가 내리면 산행은 아주 어려워진다. 길이 미끄러워 발을 잘못 내디디면 사고가 난다. 산행에 능숙한 사람이라면 알겠지만 눈비로 젖은 산길에서는 가장 안전하다고 믿고 밟는 돌이나 나무 등걸 등이 뜻밖에 미끄럽다. 산에서는 가장 안전한 곳이 뜻밖에 위험한 곳인 것이다.
    햇살이 좋다. 암자를 오르기 전에 백운산에도 동백나무 숲이 있다는 것을 알고 먼저 옥룡사로 가본다. 꽃도 좋지만 동백나무 잎에 떨어져 반사되는 햇살이 눈부시다. 동백나무 사이로 야생 차나무도 자생하고 있다. 옥룡사 옆에서 솟는 우물물을 마셔본다.
    백운산은 도선 국사가 산을 열었다 해도 지나친 말이 아니다. 어느 골짜기를 가더라도 도선 국사의 사연이 서려 있다. 옥룡사에 있는 비구니 스님은 임금에게 진상한 물이라고 얘기한다. 도선 국사는 이 우물물을

구산스님이 9년 동안 수행한 상백운암

> 나그네가 상백운암을
> 찾아가는 이유는 이렇다.
> 상백운남은 '미소지으며 가노라' 하고
> 입적하신 고승 구산 스님께서
> 여러 해 동안 수행하셨던 암자다.

길어 찻물을 끓였을 것이다. 찻물로서 최고로 치는 물맛이다. 남한강의 발원지라고 일컬어지는 오대산 우통수의 물맛과 비슷하다.

　물 한 모금으로 목을 축이고 다시 산을 오른다. 백운산은 해발 1200여 미터이고 상백운암은 정상에서 100여 미터 아래에 있다고 한다. 결코 만만한 거리는 아니다. 나그네가 상백운암을 찾아가는 이유는 이렇다. 상백운남은 '미소지으며 가노라' 하고 입적하신 고승 구산스님께서 여러 해 동안 수행하셨던 암자다. 스님께서 상백운남에서 9년을 수행하셨기 때문에 법호가 구산九山이 됐다고 전해진다.

　나그네는 대학시절에 서울 경복궁 옆의 법련사에서 구산스님을 뵌 적이 있다. 스님은 말씀하실 때마다 잔잔한 미소를 지으셨다. 스님께서는 나그네에게 '중생이 무언가?' 하고 물으셨다. 사전에 나온 대로 설명하며 더듬거리자 스님께서는 아이가 장난하듯 포도 알을 입안에 던져 넣

하루를 접는 상백운암 저녁 시간 풍경

으시며 '깨쳐 봐' 하고 말씀하셨다. 그러면서 나그네에게 문밖까지 따라나오며 출가하라고 권유하셨다.

오늘 다시 질문을 받은 것 같다. 중생이란 누구인가. 나그네 역시도 중생이다. 그러고 보면 '중생이 무언가?' 하는 구산스님의 말씀은 '너는 누구인가?' 하는 질문과 다르지 않다. 그렇다. 스님께서는 나그네에게 잘 사는 방법을 일러주고 싶었던 것 같다. 자기 자신을 알지 못하고

> 자기 자신을 알지 못하고 어찌 잘 살 수 있을 것인가.
> 자신을 모르는 사람이 어찌 자기 인생의 주인공이
> 될 수 있겠는가. 자신을 모르는 사람은 눈 뜬 당달봉사이거나
> 인생이란 여인숙의 지나가는 손님에 불과한 것이다.

어찌 잘 살 수 있을 것인가. 자신을 모르는 사람이 어찌 자기 인생의 주인공이 될 수 있겠는가. 자신을 모르는 사람은 눈 뜬 당달봉사이거나 인생이란 여인숙의 지나가는 손님에 불과한 것이다.

하백운암에 도착하여 상백운암까지의 거리를 물어보니 40분 정도는 더 올라가야 한단다. 나그네는 동행한 친구와 쉬지 않고 산길을 타기로 한다. 고승들은 왜 이런 곳에서 수행하는 것일까. 사람들은 수행자들을 부러워하기도 한다. 수행자들은 공해 없는 물 마시고, 풍광 수려한 곳에서 사니 더없이 좋겠다고. 그러나 그것은 저잣거리 사람들의 관점일 뿐이다. 수행자들이 머무는 암자는 고독하고 가장 불편한 공간일 수도 있다.

상백운암의 경우 전기와 전화도 없고, 식량도 등짐을 져서 날라야 하고, 어떤 문명의 시설도 누릴 수 없는 원시와 다름없는 수행공간인 것이다.

동화는 때묻지 않은 순수한 곳에서 생겨나는 법이다. 그것이 전설도

되고 설화도 된다. 나그네는 일찍이 구산스님의 상좌에게 상백운암에서 엮어진 동화 한 편을 들은 적이 있다. 산토끼가 스님에게 보은했다는 얘기는 이렇다.

구산스님은 암자에서 하루 한 끼만 공양했는데, 그 때마다 당신이 먹을 밥에서 한두 숟가락씩 산짐승들에게 나누어 주었다고 한다. 새나 산토끼가 와서 먹고 가곤 했는데, 어느 날 눈이 많이 내려 산길이 끊어져 버렸다고 한다. 산길이 계속 막히자, 스님이 먹을 양식도 떨어지고 말았다. 백운산 아랫마을에 사는 할머니 신도가 스님의 양식을 조금씩 머리에 이고 다녔는데, 눈 덮인 산길을 찾을 수 없기 때문이었다. 그런데 할머니가 마을을 나섰을 때 산토끼 한 마리 산길을 찾아 앞서가며 상백운암까지 안내했다는 얘기다.

이윽고 상백운암에 다다르니 저잣거리와 인연을 끊고 사는 한 수행자가 나온다. 사십대 초반으로 보이는 연담蓮潭스님이다. 상백운암은 천년이 넘은 암자인데 도선 국사가 처음으로 초암을 지어 수행했고, 그 뒤 보조 국사가 머물다 갔고, 최근에는 구산스님이 정진했다는 곳이다. 도선 국사가 머문 곳은 어디든 최고의 터라고 한다.

"기가 거칠게 넘치는 곳입니다. 그러나 한 꺼풀 벗기고 보면 아주 부드러운 터가 이곳 상백운암입니다."

하늘은 쪽빛이 선명하고 낮 달이 하얗게 손톱처럼 박혀 있다. 무슨 얘기인가를 하다가 '중생'이란 말이 나오자 연담 스님이 설명을 덧붙인다.

"중생은 습에 따라 행동하는 사람입니다. 습이란 분별하는 의식으로 생겨난 모든 생각이자 행위입니다. 습에서 벗어나 중도中道에서 사는 사람이 대자유인이자 부처입니다."

스님의 중생과 부처 얘기도 귀에 남는다.

　"운전 기사를 예로 들겠습니다. 돈을 벌기 위해 손님을 태우고 운전한다는 것은 중생의 생각입니다. 그러나 반대로 손님이 원하는 방향으로 태워 주기 위해 운전한다는 것은 부처의 생각입니다. 이처럼 생각에 따라 중생도 되고 부처가 되는 것입니다."

　스님이 차 대신 고로쇠나무 물을 바루에 한가득 담아 준다. 멀리 보이는 전망이 그만이다. 순천만과 무등산과 모후산, 조계산 등이 한눈에 들어온다. 동행한 친구가 "스님, 이 곳에 있으면 세상이 보입니까?" 하고 묻자 미소를 짓는다.

　친구가 물은 것은 저잣거리에 사는 사람들의 생존을 위한 고달픔이 보이느냐는 것이리라. 그런데 스님은 대답을 이미 해 버린 것 같다. 한 생각 돌려 남을 위하는 부처의 마음으로 세상을 살아간다면 고통이 보람으로 승화될 수 있다고 한 것이다. 삶이란 어쩔 수 없이 고통의 바다를 건너는 것, 그렇다면 남을 위한다는 생각으로 사는 것이야말로 마음에 평화를 얻는 삶의 지혜가 아닐까 싶다.

남해안 고속도로에서 광양시 나들목으로 나와 우회전하면 다리가 나온다. 다리를 건너자마자 우회전하여 직진하면 옥룡면 동곡리가 나온다. 용문사 입구에서 4km 거리에 백운사가 있고, 백운사에서 도보로 40분쯤 오르면 상백운암에 이른다.

임실 성수산 상이암

# 헛눈 파는 사이에
# 번뇌의 풀은 자란다

> 마당이란 편하게 발을 딛고 생각을 다듬는 곳이다.
> 하루만 헛눈을 팔아도 번뇌의 풀이
> 자라나 발을 딛을 마당이 없어져 버리니
> 느슨해진 자신을 다잡지 않을 수 없다.

 그윽한 계곡은 가도가도 끝이 없을 듯싶다. 산이 높다고 계곡이 깊은 것은 아니다. 산이 낮더라도 오지랖 넓은 계곡이 많은 것이다. 계곡이 깊으면 흐르는 물도 풍부하다. 이 골 저 골 물이 합수하여 흐르기 때문이다. 성수산 계곡 물도 그러하다. 산을 어지간히 다니곤 하는 친구가 놀랄 정도이다. 임실군에 이런 계곡 물이 있다니 하고 거듭 경탄한다.
 상이암 가는 길은 물이 넉넉하게 흐르는 여름과 가을이 제격이다. 마침 암자 가는 중간 지점에 성수산 자연휴양림이 개발되어 휴식공간이 마련되어 있다. 아직은 제철이 아니어서인지 매표소에서는 돈을 받지 않고 있다. 세상에 공짜는 없다는 것이 나그네의 신념이지만 그래도 공짜는 흐뭇하다.
 상이암은 875년(신라 헌강왕 1)에 도선 국사가 창건했다고 전해진다. 그때는 도선암으로 불렸으나 조선의 태조 이성계가 이곳에서 치성을 드리니 하늘에서 '왕이 되리라' 하는 소리가 들렸다고 하여 상이암上耳庵으로 개명했다고 한다. '상감上監의 귀耳에 들렸다' 하여 상上자와 이耳자를 딴 것이다. 이후 상이암은 역사의 격랑 때마다 불에 타 윤회를 거듭한다. 즉 동학혁명 때는 동학군을 쫓는 관군이, 일제강점기에는 항일운동의 본거지가 되어 왜군이, 6·25전쟁 때는 또 공비들이 불을 질렀던 것이다.

나그네가 관심을 갖는 것은 항일운동이다. 산중 암자들이 항일운동의 거점이었다는 것은 잘 알려져 있지 않다. 그러나 기록이 남아 있지 않을 뿐 깊은 산중의 암자는 항일운동을 하기에 지리적으로 유리했을 것으로 짐작된다. 다행이 상이암의 의병활동은 기록이 전해져 지금도 그분들의 정신을 기리고 있다. 작년에 우연히 지방신문을 보다가 스크랩 해두었는데, 그 기사를 요약해 소개하면 다음과 같다.

"구한말 구국의 일념으로 몸을 바쳐 산화한 의병들을 추모하는 제례행사가 임실군 성수면 양지리 현지에서 엄숙하게 거행됐다. 이날 행사에서는 유림, 유족, 지역주민 등 1백여 명이 참석해 이석용 의병장과 28의사의 애국정신을 기렸다. 이 행사는 매년 음력 7월 7석 날 행해지고 있다. 이석용 장군은 을사조약과 함께 일제의 침략이 노골화됨에 따라 성수산 기슭 상이암에서 동지들을 규합 '호남의병 창의동맹단'을 결성하고 의병장으로 추대됐다."

나그네는 여기서 한 가지 의문을 품지 않을 수 없다. 당시 상이암에서 의병들을 규합했다고 하는데, 유생들만 참여했겠느냐는 것이다. 상이암에 거주하던 스님도 분명 동참했을 것이라는 확신이 든다. 역사에는 비

상이암의 사천왕 같은 낙랑장송

밀이 없다. 상이암 어딘가에 그 기록이 묻혀 있을 것으로 추측된다. 당시는 유생들이 의병조직을 장악했을 것이고, 스님은 그들의 그늘에 묻혀 버리지 않았나 하는 의문이 든다.

태조 이성계가 치성을 드린 상이암

어찌 눈동자에 비친 사람만 눈부처일 것인가.
암자 가는 길에 본 모든 자연이 다 눈부처가 아닐까.
눈동자에 어린 흰 구름도, 푸른 하늘도, 숲을 이룬 나무들도,
저잣거리를 벗어나 산길을 걷는 사람도, 사람을 낯설어 하지 않는 다람쥐도
모두가 눈부처인 것이다.

    이러한 추측은 저잣거리의 잡사를 잊고자 하는 암자 가는 길에 머리만 무겁게 하는 것인지 모른다. 그래도 그분들의 희생을 잊어서는 안되겠기에 짧은 상념이나마 잠겨본다. 저 깊은 계곡에 의병들이 뿌린 망국의 한과 언젠가 독립이 될 것이라는 그분들의 희망가를 외면할 수는 없는 일이다.

    나그네는 잠시 후 상념을 접는다. 길을 잘못 들어 엉뚱한 방향으로 가고 있음이다. 마침 동행한 친구가 산중에서 길을 잃었을 때 자신의 직업의식을 발휘하여 전봇대와 전화선을 보고 가라고 일러준다. 옛 선사들은 길 잃은 수행자들에게 '물을 따라가라'고 했는데 '전봇대를 보고 가라'는 것은 21세기를 사는 우리들에게 업그레이드 된 말 같다.
    다시 자연휴양림 쪽으로 돌아와 이번에는 전봇대를 따라 산길을 걷는

가을 물소리에 몸을 뉘인 가랑잎들

상이암에서의 화두는 '어리석음의 풀 뽑기'이다.
어리석음이 덤불을 이루면
발을 딛어야 할 지혜의 마당이 없어져 버리기 때문이다.

다. 문득 눈부처라는 말이 떠오른다. '눈부처'란 조어가 아니라 국어사전에 나와 있는 말이다.

'눈동자의 비쳐 나타난 사람의 형상. 동인瞳人. 동자부처.'

어찌 눈동자에 비친 사람만 눈부처일 것인가. 암자 가는 길에 본 모든 자연이 다 눈부처가 아닐까. 눈동자에 어린 흰 구름도, 푸른 하늘도, 숲을 이룬 나무들도, 저잣거리를 벗어나 산길을 걷는 사람도, 사람을 낯설어 하지 않는 다람쥐도 모두가 눈부처인 것이다.

"상이암에 어디 있습니까."

"조금만 더 올라가면 됩니다."

한번 산길을 헤맨 사람은 조바심이 더하는 법이다. 하산하는 두 길손에게 물으니 미소로 답한다. 이번에는 제대로 가고 있다는 느낌이다. 과연 산길을 더 오르니 물소리가 잦아진다. 그러더니 계곡 끝 부분 거대한 바위 뒤에 상이암이 숨어 있다. 암자는 어수선하다. 법당을 중수하느라고 도량이 어지럽다. 그러나 나그네는 암자의 건물을 보러 오지는 않았다. 이미 오면서 암자를 보았다. 상이암이 간직한 역사의 회랑을 걸어온 것이다. 칠성각에는 한 보살이 잡초를 뽑고 있다.

"요즘 같은 날씨에는 하루만 손보지 않아도 칠성각 마당이 없어집니다."

옛 선사들은 번뇌를 잡초라 했고 무명초라고도 불렀다. 무명초란 어리석음의 풀이란 뜻이다. 흘려듣는 말이었지만 산신각에 올라 저 산 아래를 내려다볼 때까지도 머리 속에서 가시지 않는다. 마당이란 편하게 발을 딛고 생각을 다듬는 곳이다. 하루만 헛눈을 팔아도 번뇌의 풀이 자라나 발을 딛을 마당이 없어져 버리니 느슨해진 자신을 다잡지 않을 수 없다.

상이암에서의 화두는 '어리석음의 풀 뽑기'이다. 어리석음이 덤불을 이루면 발을 딛어야 할 지혜의 마당이 없어져 버리기 때문이다.

상이암은 성수산 자연휴양림을 지나 좌우 산길을 기웃거리지 말고 계곡을 따라 계속 앞만 보고 직진하면 나온다. 모르면서 판단하면 그만큼 다리 품을 팔 수밖에 없다. 산길을 갈 때는 아는 길도 물어서 가라는 속담을 꼭 실천할 일이다. 상이암 063-642-6263

진안군 운장암 남암

# 무소유를
# 화두로 주는 암자

낙엽에게서 침묵의 진리를 듣고 있는 중이라고나 할까.
낙엽은 언 땅의 이부자리나 푸나무의 거름이 되겠다는
마음에 머무는 바 없이 그 마음(자비)을 일으키고 있는 중이다.

 낙엽이 햇살에 눈부시게 빛나는 풍경을 본 적이 있는가. 바람에 참새처럼 날리는 낙엽이 저토록 아름다운 이유는 무엇일까. 낙엽은 그냥 떨어져 뒹구는 이파리가 아니다. 새싹이 돋을 때까지 겨우내 언 땅의 이부자리가 되어 주었다가 잎이 자라는 동안에는 스스로 썩어 거름이 된다.
 중국의 선승 혜능이 출가하기 전 나무꾼 시절에 저잣거리에서 나무를 팔고 돌아오다가 어느 집에서 흘러나오는 〈금강경〉의 응무소주 이생기심應無所住 而生其心이란 구절을 듣고 홀연히 귀가 틔었다고 했던가. 혜능은 자신의 마음을 누가 훔쳐본 듯 놀라 온몸을 떨었다. 아니, 세상에 이런 구절이 있다니! 혜능에게 전율을 안긴 구절을 우리말로 풀자면 다음과 같다.
 '마땅히 머무는 바 없이 그 마음을 일으킬지어다.'
 혜능은 저잣거리에서 나무를 다 팔고 나서는 산발한 걸인을 만나 자

아홉 봉오리가 연꽃이듯 펼쳐진 남암 전망

낙엽이 햇살에 눈부시게 빛나는 풍경을 본 적이 있는가.
바람에 참새처럼 날리는 낙엽이 저토록 아름다운 이유는
무엇일까. 낙엽은 그냥 떨어져 뒹구는 이파리가 아니다.
새싹이 돋을 때까지 겨우내 언 땅의 이부자리가 되어
주었다가 잎이 자라는 동안에는 스스로 썩어 거름이 된다.

    신도 모르게 동전꾸러미를 안겨주고 행복한 마음이 되어 귀가하던 길이었는지도 모른다. 그런 행복한 마음을 〈금강경〉의 한 구절이 노래해 주고 있으니 발걸음을 멈추지 않을 수 없었다. 무식쟁이지만 심성이 착한 혜능은 부처가 말한 진리인 줄도 모르고 '그래 지금 내 마음이란 바로 이런 것이야!' 하고 감탄을 내질렀던 것이다.

    나그네도 지금 남암南庵으로 가는 산길의 낙엽을 보고는 혜능처럼 그 구절에 발걸음을 쉬고 있다.

    이런 존재가 바로 보살이라는 생각이 든다. 추울 때 옷이 되어주고 더 잘되도록 자신을 거름처럼 희생하는 어머니 같고 아내 같은 존재가 바로 보살이 아닐까 싶은 것이다. 나그네는 비로소 햇살이 난반사하는 낙엽을 '낙엽 보살'이라고 부르며 산길을 오른다.

    산길을 가는 중 대나무 사립문 왼편에 붙인 안내문이 마음에 걸려 다

무소유를 법문하는 나무지게

암자 가는 나무 다리와 출입을 알리는 꼬마종

> 무소유란 아무 것도 갖지 않는 것이 아니라
> 불필요한 군더더기를 갖지 않는 것이라고 했다.
> 나무지게마저도 하나면 족하지 두 개가 되면
> 무소유에서 벗어나는 것이리라.

시 떠올려본다. 절에서 흔히 볼 수 있는 경고성의 글이다. '수행중이니 출입을 금한다'는 내용인데, 수행자의 사정을 이해는 하지만 나그네는 그런 글을 볼 때마다 수행자의 아량이 아쉽다. 산중의 절이야말로 저 잣거리에서 지친 삶들을 위로하고 상처를 치유하는 곳이기에 절의 어느 장소건 개방되어야 마땅하다. 법당 안 부처의 미소를 보고 위안받아 갈 수 있지만 수행자의 친절한 한 마디에 용기를 얻어갈 수도 있기 때문이다.

나그네가 인도 바이샬리 변방에 있는 기원정사를 찾아가 가장 감동받은 부분도 바로 그런 이유에서였다. 부처가 가장 오랫동안 머물렀던 기원정사는 신분의 귀천 없이 왕에서부터 미친 여인까지 지혜를 구하고 위로받고 싶은 사람들이 찾아오던 일종의 해방구였던 것이다.

부처와 그의 제자 수보리와 아난이 수행했던 기원정사가 그러했던 바

정진도량의 문을 잠근다는 것은 부처의 음덕으로 사는 불제자의 도리가 아니라는 결론이 선다.

마침내 나그네는 남암에 다다른다. 돌담 축대 위에 조촐하게 지은 남암을 보니 문득 마음이 평온해진다. 늙은 당산나무가 있는 시골 마을에서 흔히 볼 수 있는 농가 같은 암자이다. 양철 지붕에 떨어지는 햇살이 눈부시다. 산신각은 산신령님이 앉아 있는 오래된 꽃가마 같다. 오른쪽에는 황토로 땜질한 헛간이 정겹고, 마당에 놓인 의자 하나도 정갈하여 앉기가 미안할 정도이다.

인기척이 들리자 닫혀진 문에서 비구니 스님이 나온다. 암자는 주인을 닮아 있다. 시골의 아낙네처럼 약간은 수줍은 듯 마루에 서서 나그네를 맞는다. 나그네가 쓴 작은 책을 한 권 선물하자 경계의 빛을 풀긴 하지만 그래도 말문을 트지 못하고 망설인다.

나그네는 스님과의 얘기를 접고 주위를 둘러본다. 암자는 운장산 자락에 위치해 있는데, 암자 왼편으로 구봉산의 아홉 개 봉오리가 우뚝하다. 온 산에도 햇살이 축복처럼 쏟아져 흘러 넘치고 있다. 가을에 이처럼 양명한 날도 드물 것이란 생각이 들자, 택일을 잘했다는 느낌이다.

처음 만났을 때 통성명하듯 나그네도 암자와 사귀려고 이리저리 기웃거려 본다. 뒤란으로 가보니 지게가 하나 놓여 있다. 지금은 사라져가고 있는 농가의 유물 중의 하나이다. 무소유란 아무 것도 갖지 않는 것이 아니라 불필요한 군더더기를 갖지 않는 것이라고 했다. 나무지게마저도 하나면 족하지 두 개가 되면 무소유에서 벗어나는 것이리라.

법정스님께서 들려주신 얘기다. 스님은 글을 쓰는 작업 때문에 만년필을 좋아했다. 그래서 당신도 모르게 두 개를 소유하게 되었다. 그러나 집필하는 데 만년필 한 개면 족하지 두 개를 가지고 있다는 자책이 들자, 불필요한 한 개를 친지에게 주고 말았다는 사연으로 거기에서도 무소유가 무엇인지 깨달았다는 말씀이었다.

검박하게 생긴 남암을 보면서 나그네의 삶은 무소유에서 많이 벗어나 있다는 자책이 든다. 부끄러운 고백이지만 불필요한 유무형의 것들을 부질없이 소유하고 있음이다. 묵은 삶을 참회하며 올 한해의 화두를 무소유로 삼고자 하는데, 연말의 고개에서는 '욕심을 적게 하고 만족할 줄 아는小欲知足' 삶으로 변화되어 있기를 기대해 본다.

승용차를 이용할 경우 전주에서 진안으로 가다가 진안고개를 넘어 부귀 방향으로 진입하여 정천면까지 가서 운일암 방향으로 좌회전하여 직진하면 천황사 입구에 다다르고 절 해우소 윗 산길로 오르다 보면 암자에 다다른다. 대전-진주 고속도로를 이용할 경우는 금산에서 주천을 지나 진안으로 진입하면 된다. 남암(천황사 종무소) 063-432-6161

공주 계룡산 대자암

# 산은 어머니가 되고,
# 암자는 자식이 되고

어머니와 자식간의 사이처럼 '나'와 '남'의 구별이 없다면
유마 거사가 아파하는 것을 이해할 수 있을 것이다.
이것이 '큰 자비'가 아닐까. 성철스님도 천지는 한 뿌리라고 했다.
그러니 발 밑을 기는 벌레를 보살피게 되고,
머리 위에 나는 새를 소중하게 생각하는 것이다.

평일의 산길은 더 호젓하다. 산길에는 산그늘과 엷은 햇살이 물에 어린 그림자처럼 교차해 있다. 거기에다 바람이 불면 낙엽이 날아와 발 앞에서 뒹군다. 낙엽은 누구라도 가슴을 허전하게 한다. 자기를 떠난 누군가를 떠올리게 한다. 만났다가 헤어지는 것을 회자정리會者定離라 한다. 반대로 헤어졌다가 다시 만나기도 한다. 이것이 인생이다.

낙엽을 보는 순간만은 만남보다는 이별을 먼저 떠올린다. 나그네도 많은 사람을 떠나 보냈다. 간암을 앓다가 갑자기 떠난 친구도 생각난다. 학창시절 눈 쌓인 겨울날 친구들끼리 만나 들녘을 쏘다닌 적이 있다. 가슴이 뜨거워서 견딜 수 없었다.

한 친구는 출가하여 수행자가 됐고, 한 친구는 지방의 국립대학 국문학과를, 나그네도 서울로 상경하여 국문학과에 입학했다. 수행자가 된 친구는 아직까지 소식이 없다. 또 한 친구는 광주항쟁을 겪으면서 운동

계룡산의 자식처럼 골짜기에 자리잡은 대자암

대자란 큰 자비를 말한다. 나그네는 대자를
생각할 때 언제나 먼저 생각나는 구절이 있다.
바로 유마 거사의 말이다.
"모든 중생이 앓기 때문에 나도 앓습니다.
만약 중생의 병이 나으면 내 병도 나을 것입니다."

권이 되어 숨을 거두기 전까지 연극활동을 하다가 간암으로 생을 마감했다.

    출가한 친구는 부럽고, 이승을 하직한 친구는 비록 망월동 국립묘지에 안장되었다 하더라도 불쌍하다. 나그네는 무엇인가. 두 친구를 생각하면서 세상 저잣거리에 홀로 남아 눈시울을 붉히고 있을 뿐이다.

    출가한 사문은 생사를 초월하는 공부를 한다니까 걱정이 안되지만 간암으로 죽은 친구에게는 한없이 빚을 진 것 같다. 우정과 추억이 남아 있는 한 그런 빚에서 벗어날 수 없으리라. 아내는 기독교 신자여서 장례는 기독교식으로 치렀고, 어머니는 불교 신자여서 49재는 절에서 치렀다. 죽어서도 아내와 어머니의 종교 사이를 눈치보며 헤맸을 친구를 생각하면 마음은 그때나 지금이나 무겁다. 도대체 죽은 자의 영혼도 쉬지 못하게 하는 것이 종교란 말인지 묻고 싶다.

바위가 탑의 형상을 하고 있는 천진보탑.　　　　　　　　주전자도 걸어놓고 보니 목탁같네.

대자암大慈庵.

대자란 큰 자비를 말한다. 나그네는 대자를 생각할 때 언제나 먼저 생각나는 구절이 있다. 바로 유마 거사의 말이다.

"모든 중생이 앓기 때문에 나도 앓습니다. 만약 중생의 병이 나으면 내 병도 나을 것입니다."

어머니와 자식간의 사이처럼 '나'와 '남'의 구별이 없다면 유마 거사가 아파하는 것을 이해할 수 있을 것이다. 이것이 '큰 자비'가 아닐까. 성철스님도 천지는 한 뿌리라고 했다. 그러니 발 밑을 기는 벌레를 보살피게 되고, 머리 위에 나는 새를 소중하게 생각하는 것이다.

갑사 경내를 둘러보고 다시 오른편 산길을 따라 오른다. 숲길로 들어서자 냉랭한 기운이 달려든다. 찬바람이 감상에 젖었던 나그네의 이마를 때린다. 산길에서 늘 느끼지만 머릿속을 씻어주는 것은 바람이다. 차갑고 거친 바람일수록 머릿속을 더욱 깨끗이 헹구어 준다.

지금 이 순간으로 돌아오게 하는 것이다. 대자암이 조금 보인다. 가로질러 가는 계단이 있지만 일부러 돌아간다. 계룡산 능선과 봉오리들이 오른편으로 펼쳐져 있다. 연천봉, 관음봉, 문필봉 등이다. 문필봉은 산능선 너머에 있는 동학사에서도 조금 보이는 봉오리이다.

암자는 생각보다 규모가 크다. 입구에서부터 선방인 삼매당이 있고, 거사나 보살들의 선방인 시방당이 있고, 대자암이란 편액이 붙은 법당이 있다. 이밖에도 당우가 몇 채 더 있는데, 얼른 보기에는 당우들의 배치가 자유분방한 느낌이다.

그런데 이상한 일이다. 산만한 분위기를 꼭 잡아주고 있는 강한 기운이 있다. 거대한 손으로 잡아당기는 듯한 장력이 있다. 무엇일까. 나그네는 법당 마당에 이르러서야 그것의 정체를 깨닫는다. 바로 계룡산 자락이 감싸고 있음이다. 어머니가 자식을 껴안고 있는 모습인 것이다.

계룡산이 어머니가 되고 암자가 자식이 되는 셈이다. 수행자라면 누구라도 계룡산을 어머니 삼아 수행하고 싶은 마음이 절로 일겠다. 귀 어둔 할머니가 나그네를 미소로 맞는다. 잠시 후에는 한 스님이 대자암의 선방에 대해서 설명한다.

"정영瀞暎스님께서 암자를 복원하면서 선방을 개설했습니다. 삼매당에는 5개월 동안 방문을 잠그고 수행하는 무문관이 있고, 시방당에서는 선의 대중화를 위해 재가불자에게도 문을 열어두고 있습니다. 앞으로는 무문관 수행이 3년으로 바뀔 예정입니다."

해가 기우는 오후, 암자에는 비구스님도 있고, 비구니스님도 있고, 제를 지내러 온 신도들도 검은 옷차림으로 있다. 나그네는 다시 한번 대자암의 기운을 느낀다. 암자를 내려서려는데 계룡산이 더 묻다 가라고 붙드는 듯하다. 그러나 나그네는 갑사까지 와서 천진보탑을 가지 않을 수 없다. 천진보탑은 갑사의 왼쪽 산길로 올라가야 한다. 천진보탑이란 자연석이 탑처럼 생겼다 해서 붙여진 이름이다. 계곡을 낀 가파른 산길이지만 서둘러 올라가니 이제 막 공사를 시작한 미완성의 암자 하나가 보이고, 왼쪽 산자락에 천진보탑이 나타난다.

보탑 속에 부처의 사리가 있다고 하지만 그것보다는 잘생긴 바위 자체가 사리라는 느낌이 든다. 사리탑처럼 솟은 저 정도의 바위라면 사람들에게 참배받을 만하다는 생각이 든다.

일찍이 금강산을 찾은 백운 선사가 노래했던가. 마음을 경건하게 해주는 바위를 보고 '깊은 산속 불법佛法은 바위가 그것'이라는 절창을 남겼던 것이다.

공주에서 갑사 가는 버스를 타도 되고, 승용차로는 공주시 계룡면으로 가다가 갑사 주차장에서 내려 갑사 오른쪽 산길로 20여 분 오르면 대자암에 이른다. 다시 천진보탑으로 가려면 30분 정도 더 산길을 걸어야 한다. 대자암 041-857-3604

예산 봉수산 대련암

# 사람에게도 마음을
# 적시는 향기가 난다

풍성한 가을을 시샘하듯 더욱 거세게 내리는 빗줄기를 바라보며 짧은 상념에 잠겨본다. 예산 땅에 전해지는 동화 같은 이야기들의 향기를 다시 맡는다. 사람에게도 마음을 적시는 향기가 난다는 것을 깨닫는다.

    가을이 벌판을 가득 메우고 있다. 말 그대로 만장滿場이다. 벌판의 주인공은 뭐니뭐니해도 누렇게 익은 벼들이다. 벼를 보면 깨닫는 것이 많다. 벼들은 귀가 밝다. 농부들의 발자국 소리를 들으며 자라니까. 벼들은 상생을 안다. 큰바람이 불어와도 서로의 몸을 의지하며 넘어지지 않으니까. 벼들은 하심下心할 줄을 안다. 익을수록 고개를 숙이니까. 이만하면 만물의 영장이라고 하는 사람보다 낫다는 생각이 든다.

    가을 벌판에 서면 나이 들어서도 잊혀지지 않는 옛 이야기가 하나 있다. 초등학교를 졸업한 지 사십 년쯤 되어서 도덕 교과서에서 읽었는지 국어 교과서에서 읽었는지 잘 기억나지 않는다. 그러나 얘기 줄거리만은 또렷하다. 바로 의좋은 두 형제 이야기다.

    추수가 끝난 어둔 가을밤에 형과 아우는 지게를 지고 나간다. 아우는 식구가 많은 형이 걱정되어 자신의 논에서 추수한 벼를 형의 논에 있는 볏단으로 몰래 나른다. 형은 그보다 늦은 시각에 새로 장가든 아우를 염려하여 자신의 벼를 아우 볏단으로 한 짐씩 나른다. 형과 아우는 자신들의 볏단이 줄어들지 않은 것을 보고 이상하게 여긴다. 그러다 어느 가을밤에 형제는 벼를 지게에 진 채 논두렁에서 마주친다는 가슴 뭉클한 이야기다. 이런 얘기가 아직도 초등학교 교과서에 실려 있는지 궁금하다. 어린 시절에 이 이야기가 너무 가슴에 와 닿아 소리내어 수없이 읽었던 기억이 난다. 아무도 모르게 하는 선행이 진짜 선행이라는 것을 그때 깨달았다.

그런데 이 이야기가 지금 가고 있는 봉수산 대련암 주변의 예산 땅에 실제로 전해지는 실화라고 하니 놀랍지 않을 수 없다. 예산 땅에 들어서 도로변 가게 주인 아주머니에게 물어 보니 대흥면사무소 앞에 가면 '의좋은 형제의 상'을 조각해 놓았다고 알려준다.

대련암은 지난 봄에 와본 적이 있으므로 가는 길이 급하지는 않다. 그때 취재 왔다가 카메라 필름에 사정이 생겨 한 번 더 발걸음하고 있는 것이다. 암자로 가는 길이나 사연 등은 이미 알고 있으므로 여유를 즐기고 싶기도 하다. 알곡이 익는 데 아무 도움이 되지 않는 가을비가 세차게 오고 있다. 비 오는 날을 피해 택일하려 했지만 낭패다. 하지만 의좋은 형제 이야기가 대련암 주변에 전해지고 있다는 사실을 안 것이 오늘의 수확이라면 수확이다.

과연 대흥면 면사무소 앞 광장에 의좋은 형제의 상이 조각이 되어 있다. 그리고 그 옆에는 '이성만 형제 효제비'가 있다. 볏단 이야기는 구전되어 오는 것이고, 이성만 형제 이야기는 〈신증동국여지승람〉에 기록되어 있다. 효제비 안내문에는 이렇게 쓰여 있다.

사람들에게 형제간의 우애를 얘기하는 '의좋은 형제상'

'원래 가방교 옆에 있었는데 예당저수지가 생겨 이곳으로 옮겼다. 〈신증동국여지승람〉 대흥호장大興戶長에 이성만, 순만 형제가 모두 지극한 효자로서 부모가 돌아가신 후 성만은 어머니 묘소를 지키고 순만은 아버지 묘소를 지켰다. 3년의 복제를 마치고도 아침에는 형이 아우의 집으로 가고 저녁에는 아우가 형의 집으로 가 한 가지 음식이 생겨도 서로 만나지 않으면 먹지 않았다고 한다. 이에 1497년(연산군 3년)에 후세 사람들의 모범이 되게 하기 위해 조정에서 이 비를 건립하였다.'

이 비는 형제의 효도에 무게를 둔 것이지만 아침저녁으로 형과 아우가 서로의 집을 오가는 정성으로 보아 형제애가 가을밤의 볏단 이야기

연당과 연정이 있었던 백제시대에 창건한 대련암

지금은 비록 암자의 연당蓮塘이 사라져
연꽃의 향기를 맡을 수 없지만
이름 없는 사람들의 아름다운 이야기에
가만히 젖어볼 수 있어 행복한 순간이다.

못지 않다. 새로 생긴 음식을 반드시 나누어 먹었다는 형제이고 보면 볏단 이야기도 그들의 사연일 것 같은 느낌이다.

대련암은 대흥면과 이웃한 광시면에 있다. 그런데 이정표가 바뀌어 있다. 지난 봄에는 대련암이었는데 지금은 대련사로 표기되어 있다. 나그네는 '암'이 좋은데 몇 달 사이에 왜 '사'로 바꾸었는지 궁금하다. 〈동국여지승람〉에는 대련사로 나와 있긴 하지만 그건 절이 번창했을 때의 이름이다. 암자는 656년(백제 의자왕 16)에 의각義覺과 도침道琛이 창건했다고 한다. 그리고 대련사로 불린 것은 가까이 있는 임존성 안에 연당과 연정蓮井이 있었기 때문이고, 이후 여러 번의 중창을 거쳐 지금에 이르고 있다.

현재의 극락전은 관세음보살을 모신 원통보전이었으나 1975년 해체 보수공사 때 극락보전이라는 현판이 발견되어 다시 원래의 이름으로 돌

속된 잡인의 발길을 거부하는 대련암

아간 것이다. 암자 마당에 선 600여 년 된 느티나무는 이러한 암자의 역사를 누구보다도 잘 알고 있을 터이다.

이 암자에 5살에 들어와 14살 때쯤 개심사 강원으로 들어가 불경공부를 했다는 한 비구니스님의 얘기도 잊혀지지 않는다. 암자는 터가 워낙

맑아서 계율을 어긴 스님들을 머물지 못하게 했다고 한다. 스님들이 고기를 먹거나 술을 먹고 암자에 올라오면 구렁이가 나타나 문을 가로막거나, 밤에는 산짐승이 눈에 불을 켠 채 으르렁거리며 경계했다는 것이다. 또 한 번은 이런 일도 있었다고 한다. 암자에 식량이 떨어져 신도들에게 말도 못하고 전전긍긍하고 있을 때였다. 하루는 새벽 예불을 마치고 나오는데 아랫마을에서 농사짓고 사는 부부가 쌀을 지게에 지고 올라 오더라는 것. 불공을 올리고 난 후 부부의 얘기를 들어보니 그 아낙네의 꿈에 암자의 아기부처들이 배고프다고 울고 있더라는 것이다.

혹시 그 아기부처는 암자에서 배고프다고 울던 동자승이 아니었을까. 고기 먹고 술 먹은 스님들을 물리친 구렁이나 산짐승들은 암자를 지켜온 신장神將들이었고.

풍성한 가을을 시샘하듯 더욱 거세게 내리는 빗줄기를 바라보며 짧은 상념에 잠겨본다. 예산 땅에 전해지는 동화 같은 이야기들의 향기를 다시 맡는다. 사람에게도 마음을 적시는 향기가 난다는 것을 깨닫는다. 지금은 비록 암자의 연당蓮塘이 사라져 연꽃의 향기를 맡을 수 없지만 이름 없는 사람들의 아름다운 이야기에 가만히 젖어볼 수 있어 행복한 순간이다.

대전, 공주에서 예당저수지나 임존성을 찾아가도 되고, 서해안 고속도로에서는 광천 인터체인지에서 청양으로 가다가 좌회전하여 예산군 광시면으로 가면 된다. 아이들과 함께 갈 때는 꼭 대흥면 면사무소 앞에 있는 '효제비'나 '의좋은 형제의 상'을 보여주었으면 좋겠다. 대련암 041-332-0408

나를 성숙시키는 겨울암자

함양 지리산 금대암

# 산을 닮고 싶어
# 암자에 간다

나그네는 한동안 넋을 잃고 지리산의 봉오리들 중에 봉오리인
천왕봉을 친견한다. 광풍이 불어 치는 듯 구름장들이
흩어졌다가는 다시 모이곤 한다. 마음을 놓아버리고 나니
나그네 자신도 산이 문득 되는 느낌이다.

    나그네는 마음이 산란할 때 산을 찾는다. 힘든 산행을 하지 않더라도 멀리서 큰산을 마주하며 한동안 침묵해 보는 것도 마음을 가라앉히는 한 방법이다. 산은 겉으로 드러난 풍광만이 전부가 아니다. 거기에는 우리가 듣고 싶은 간절한 이야기가 있다. 그래서 산을 일러 인간의 스승이라 했을 것이다. 다만 지켜야 할 약속이 하나 있다. 산은 입을 다문 자에게만 이야기를 해주기 때문이다.
    눈발이 희끗거리더니 멈춘다. 해가 눈구름 사이에서 내밀고 있다. 작년 이맘때도 지리산을 찾은 적이 있다. 어제 저물 무렵 백장암에 전화를 걸어 보니 눈이 5cm쯤 쌓여 있다고 했다. 그래도 나그네는 산행하지 말라는 늙은 어머니의 걱정을 뿌리치고 길을 나서 지리산 입구인 인월까지 와 있다. 행운이다. 눈이 녹고 있다. 햇살이 좋은 양달 산길은 다닐 만 할 것이다.

금대 부처님은 천왕봉에 얹힌 흰눈을 공양 받는구나.

나그네는 휘눈을 이고 있는 천왕봉을 부처님께 공양하고 싶어
법당 한가운데 문을 열어 젖힌다. 저 거룩한 천왕봉을
어찌 나그네 혼자만 가슴에 담을 수 있겠는가.
차가운 산바람이 들이치지만 금대암 부처님은 나그네 마음을
아는 듯 따뜻한 미소를 지으신다.

    수행자들은 지리산의 암자를 말할 때 '제1 금대, 제2 백장암' 하고 얘기한다. 그만큼 금대와 백장암은 수행자들이 정진하고 싶어하는 곳이다. 금대암金臺庵 가는 길이니 백장암을 들르지 않을 수 없다. 승용차를 백장암 가는 산길의 입구 마을에 맡겨놓고 신발 끈을 고쳐 맨다. 백장암까지는 1km 정도니 걸어서 30분이면 된다. 백장암에서도 지리산을 한눈에 조망할 수 있다. 여인의 엉덩이를 닮은 반야봉에서 천왕봉까지의 푸른 능선이 아스라이 보이는 것이다.
    백장암에 올라 영관스님을 만나 차를 한 잔 하고 주위를 둘러보니 예전 그대로다. 담이 조금 높아지고 담 밑에 그림자 대신 잔설이 쌓인 것이 그때와 다를 뿐이다. 나그네는 서둘러 하산하지 않을 수 없다. 해가 있을 때 금대암으로 가보고 싶기 때문이다. 다행이 백장암 스님도 다른 길손들을 맞이하느라고 바쁜 것 같다.

지리산 제일의 수행처인 금대

　　금대암은 신라 태종무열왕 3년(656년)에 행우行宇 조사가 창건했으나 그 뒤 사세가 시들었고, 조선 세종 12년(1430년)에 천태종의 고승 행호行乎 스님이 안국사와 함께 다시 중창했다고 전해진다. 현재는 해인사 말사로 되어 있고 선원禪院을 운영하는 암자이다.

　　조선의 유학자 김종직의 문하에서 수학했던 선비 정여창과 천하 제일의 재사才士 김일손도 금대암을 들른 적이 있다. 그들이 찾은 것은 성종 20년(1489년)이었다. 그러나 그들은 금대암에서 산행의 피로를 풀 겨를

"이 몸 금생에 건지지 않으면 다시 어느 생을 기다려 건지리까. 한번 사람 꿈을 잃게 되면 만겁에 돌이키기 어려우니 우리가 사는 것은 현재요. 그 현재를 최대한 바르게 사는 가르침에 따라 순수한 집중과 몰입으로 자기 자신을 완성하고자 하는 것이 부처님의 도업이오."

도 없이 떠나야 했다. 당시 금대암의 스님들은 겨울 동안의 동안거 참선 수행을 마친 뒤 이번에는 육신을 단련하여 도에 이르는 행선 수행을 하고 있는 중이었다. 지금은 어느 절에도 그 전통이 사라지고 없어 여기에 당시의 선비 정여창과 김일손의 대화를 소개하지 않을 수 없다.

그들이 금대암에 이르렀을 때는 뜰에 모란이 흐드러지게 피었다가 시나브로 지고 있었다. 10여 명의 수행자가 부처의 공덕을 찬양하는 노래를 부르며 매우 빠른 속도로 빙빙 돌고 있었다. 함양을 찾아 처음으로 지리산에 온 김일손은 의아해 하며 정여창에게 물었다.

"저것이 무엇이오니까."

"스님들의 정진법이오. 저 정진법은 정하되 잡하지 않고, 나아가되 물러섬이 없으며, 밤낮으로 쉬지 않음으로써 부처가 되는 공덕을 삼는 것일세. 거기에 조금이라도 마음의 혼란이나 게으름이 있게 되면 저 무리

중에서 민첩한 사람이 긴 나무판을 두들겨서 번뇌하거나 졸지 못하도록 경고하며 정진 수양하는 방법일세."

여기서 긴 나무판이라 함은 선방에서 사용하는 큰 죽비일 것이다.

"부처가 되는 공부도 쉽지 않습니다 그려. 우리처럼 유학하는 사람이 이처럼 공덕을 들인다면 어찌 성인인들 되지 못하겠습니까."

뿐만 아니라 이들은 금대암에 오기 전날 단속사斷俗寺에 들러 석해釋該스님의 막힘 없는 불도佛道이야기를 듣고는 유학자로서 놀란 바 컸던 것이다.

석해스님과 이들의 이야기는 저녁식사를 하면서 시작됐다. 석해스님이 식사를 하기 전에 오관게五觀偈를 외웠다.

'이 음식이 어디서 왔는고/ 내 덕행으로 받기가 부끄럽네/ 마음의 온갖 욕심 버리고/ 육신을 지탱하는 약으로 삼아/ 도업道業을 이루고자 이 공양을 받습니다.'

이에 사서삼경 중 특히 대학大學에 달통한 김일손이 숟가락을 들다 말고 볼멘 소리로 물었다.

"지금 대사가 말한 도업이 무엇입니까."

"이 몸 금생에 건지지 않으면 다시 어느 생을 기다려 건지리까. 한번 사람 몸을 잃게 되면 만겁에 돌이키기 어려우니 우리가 사는 것은 현재요, 그 현재를 최대한 바르게 사는 가르침에 따라 순수한 집중과 몰입으로 자기 자신을 완성하고자 하는 것이 부처님의 도업이오."

"불교 이외의 가르침은 없습니까."

"그렇지 않습니다. 이 세상의 온갖 존재는 홀로 독립해서 있는 것이 아니오, 이를 연기緣起라 하오. 그러니 어찌 가르침인들 하나뿐이겠소."

세상은 변해가고 있다. 15세기의 정여창 일행은 짚신 신고 오죽장烏
竹杖 짚고 금대암을 올랐다지만 21세기를 사는 나그네는 오후 햇살에
눈 녹은 산길을 승용차 타고 단숨에 올라 암자에 이르렀으니 말이다. 산
중 주차장에서 고도에 적응하느라고 먹먹해진 귀를 풀고 산길을 조금
내려가니 과연 금대암이 나타난다.

백장암이 여성적이라면 이곳 암자는 남성적이다. 천왕봉이 지척의 거
리에서 지존으로 우뚝 솟아 있다. 나그네는 한동안 넋을 잃고 지리산의
봉오리들 중에 봉오리인 천왕봉을 친견한다. 광풍이 불어 치는 듯 구름
장들이 흩어졌다가는 다시 모이곤 한다. 마음을 놓아버리고 나니 나그
네 자신도 산이 문득 되는 느낌이다. 저잣거리에서 들끓던 망상이 눈 녹
듯 사라지고 단전에 힘이 차 오른다.

법당 안이 비좁게 느껴진다. 나그네는 흰눈을 이고 있는 천왕봉을 부
처님께 공양하고 싶어 법당 한가운데 문을 열어 젖힌다. 저 거룩한 천왕
봉을 어찌 나그네 혼자만 가슴에 담을 수 있겠는가. 차가운 산바람이 들
이치지만 금대암 부처님은 나그네 마음을 아는 듯 따뜻한 미소를 지으
신다.

남원 실상사에서 국도를 타고 2km쯤 함양 마천 쪽으로 내려가면 길가 왼쪽에 금대암 이정표가
보인다. 거기서 암자까지는 2.5km이나 승용차로 갈 수 있고 걸어서는 2시간 정도 걸린다.
금대암 051-727-3537

함양 지리산 문수암

# 물고기의 눈을
# 닮고 싶다

> 흐르는 물에게 물어보라. 어제의 물이 따로 있고
> 오늘의 물과 내일의 물이 따로 있냐고. 물은 어느 곳에도
> 집착하지 않고 자신의 성품대로 저기 저렇게 흘러간다.
> 순간순간 최선을 다해 살고 있을 뿐이다.

　세월은 오는 것인가 가는 것인가. 온다고 하면 가슴 설레고, 간다고 하면 아쉬움이 남는다. 해마다 이맘때쯤이면 누구나 가져보는 두 가지의 감정이 아닐 수 없다. 그러나 그러한 감정도 정도가 지나치면 꼴불견이 되고 만다. 여기에 편승하여 바람을 잡는 것이 저잣거리의 풍경이다. 가는 해와 오는 해가 어쩌구저쩌구 하면서 온갖 수단을 다 동원하여 호객을 하고 있다. 규모가 커지고 번지르르 할 뿐 어린 시절에 속아 보았던 야바위꾼들의 입과 하나도 다를 게 없다.

　사실 세월의 본성은 석양빛을 비껴 흐르는 저 계곡 물과 같이 오는 것도 아니고 가는 것도 아니다. 흐르는 물에게 물어보라. 어제의 물이 따로 있고 오늘의 물과 내일의 물이 따로 있냐고. 물은 어느 곳에도 집착하지 않고 자신의 성품대로 저기 저렇게 흘러간다. 순간순간 최선을 다해 살고 있을 뿐이다.

지리산 발 밑에 자리한 문수암

이윽고 문수암 샘에 이르러 목을 축인다.
눈 뜬 물고기를 돌에 조각하여 수각으로
만든 것이 이채롭다. 절에서는 물고기를
용맹정진의 상징으로 여긴다.

    나그네는 지금 남원 실상사를 지나 함양 땅에 와 있다. 지리산 자락에 펼쳐진 함양咸陽은 말 그대로 별을 머금은 듯 포근하다. 차가운 기운이 감도는 산청의 옛 이름인 산음山陰과 다르다. 함양 땅에서는 겨울의 한 줌 석양볕도 모닥불처럼 따뜻하다.

    진주 경호강의 상류가 되는 엄천강을 사이에 두고 나그네는 지리산을 우러러본다. 천왕봉은 눈을 만드는 듯 잿빛 구름을 두르고 있고, 그 산자락은 하루를 마감하는 산그늘이 서서히 접혀지고 있다. 나그네의 눈에 문득 천왕봉 발치께 작은 절 하나가 잡힌다. 작은 지붕의 기와가 석양빛을 받아 사금파리처럼 반사하고 있다. 구름이 홑이불처럼 덮거나 눈발이 흩날리면 지워져버릴 그런 작은 절이다.

    이번의 여행에서는 딱히 정해놓은 목적지가 없었다. 지리산 길을 가다 보면 산자락 어디쯤 암자 하나 있겠거니 하고 떠나온 것이다. 목적지를 정하지 않는 발걸음은 때에 따라서 마음을 가볍게 한다. 돌이켜 보면 나그네도 무슨무슨 목적에 가위눌려 살아왔음을 고백하지 않을 수 없다. 즐기고 아껴야 할 삶의 과정을 소홀히 한 채 자신도 모르게 목적의 노예가 돼버린 것이다. 최근에 물거품처럼 부풀었다가 꺼지고 있는 '느림의 모색'도 100미터 달리기 경주 같은 목적 지향적인 삶에 대한 반성이 아닌가도 싶다.

나그네는 또 다른 겨울 나그네에게 묻는다.

"저 절이 무슨 절입니까?"

"문수사라 부르기도 하고 문수암이라 부르기도 합니다."

이정표도 엄천강에서 송전리로 가는 다리 입구에는 '문수암'이라고 쓰여 있고, 산길에는 또 '문수사'라는 표지와 판이 서 있다. 이번 암자 여행에서는 한동안 지리산처럼 침묵이나 하고, 그곳을 바람처럼 떠도는 산중의 고독과 악수나 하고 내려올 생각이다.

"여기서 걸어갈 겁니까?"

"승용차로 가는 데까지 가보겠습니다."

"절로 가는 전봇대들을 보세요. 여기서 어림잡아 십리는 됩니다."

절로 가는 전봇대들이 가파른 산길을 오르는 할머니 신도처럼 쉬엄쉬엄 서 있는 것도 같고 힘겹게 보인다. 누군가는 나그네에게 이렇게 물을지도 모르겠다. 다시 내려올 길을 왜 힘들여 오르느냐고. 그러나 나그네는 산길을 걸을 때 비로소 자신과 비슷한 자신을 만나는 작은 기쁨이 있다는 것을 실토하지 않을 수 없다. 저잣거리에서 명함을 내미는 나는 진정한 나라고 할 수 없는 나이다. 누구라도 생각해 보라. 무리에 끼여들어 하하 호호 공허하게 웃고 떠들다가 사소한 일로 자존심에 상처를 받

배롱나무 가지 사이로 드러난 문수암 요사

아 누군가를 미워하고 헐뜯고 우울해 하는 존재가 본래의 나라고 할 수 있는가.

적어도 산길을 걸을 때는 가식의 외투를 벗어버릴 수 있어서 좋다. 사실, 산길을 오르는 데는 마음이 통하는 짝이 없더라도 자신이 흘리는 땀과 옹달샘의 찬물 한 모금이면 족하다. 거창하게 의미를 갖다 붙일 필요가 없다. 달팽이가 껍질에서 말랑말랑한 몸을 꺼내어 볕을 쬐고 바람에 몸을 말리듯 그런 정도의 일탈이면 그만이다.

신라 헌강왕 때 창건된 문수암

이번 암자 여행에서는 한동안 지리산처럼 침묵이나 하고,
그곳을 바람처럼 떠도는 산중의 고독과 악수나 하고 내려올 생각이다.

나그네는 이 글이 어느 월간지에 활자화되었을 때 인도에 가 있었다. 신라승 혜초가 걸었던 다섯 천축의 길을 답사하고 김수로왕의 아내였던 허황옥의 고향 아유타국을 돌기 위해서였다. 두 번째의 인도 여행으로써 혜초가 간 구도의 길을 걸으며 좁은 마음을 조금이라도 남을 향해 넓히고 싶었던 것이다.

이윽고 문수암 샘에 이르러 목을 축인다. 눈 뜬 물고기를 돌에 조각하여 수곽으로 만든 것이 이채롭다. 절에서는 물고기를 용맹정진의 상징으로 여긴다. 처마 끝에 달린 풍경이 물고기 형상을 한 것도 그렇고, 사물(북, 종, 운판, 목어) 중의 목어木魚도 그렇다. 물고기는 부지런하여 밤에도 눈을 뜨고 있다고 믿기 때문이다. 목어에 얽힌 설화도 스승의 가르침을 따르지 않는 게으른 중이 죽어 등에 커다란 나무가 달린 물고기로

게으름 피우지 말고 정진하라는 문수암 석탑

산길을 걸을 때는 가식의 외투를 벗어버릴 수 있어서 좋다.
거창하게 의미를 갖다 붙일 필요가 없다.
달팽이가 껍질에서 말랑말랑한 몸을 꺼내어 볕을 쬐고 바람에 몸을 말리듯
그런 정도의 일탈이면 그만이다.

환생했는데, 스승이 그 나무를 베어 제자의 고통을 면케 해주고 다른 제자들에게는 그 나무로 목어를 만들어 귀감을 삼게 했다는 이야기다.

이곳을 들렀다가 물을 마시는 사람마다 이런 설화를 한 번쯤 새겨보면 어떨까. 찬물 한 모금 마시고 게으르지 말자고 다짐해보는 것도 좋은 일일 듯싶다. 붓다는 열반에 들 때 요즘의 고승처럼 세상을 향해 어려운 말투의 임종게를 남기지 않았다. 다음과 같이 싱겁게만 느껴지는 이 말씀을 남겼을 뿐이다.

'게으름 피우지 말고 열심히 정진하여 너희들의 수행을 완성하라.'

그러나 누가 감히 붓다의 이 말씀을 감히 싱겁다고 하겠는가. 진리란 물처럼 무색 무취 하지만 누구라도 눈을 새롭게 뜨게 하는 청량한 점안 點眼의 방편이 아닐 수 없다.

날이 저물어 서둘러 절을 내려와 한참 후에 안 사실이 하나 있다. 문수사는 신라 헌강왕 8년(883년)에 결언決言 스님이 창건한 엄천사嚴川寺의 극락전에 터에 6·25 후 다시 지어진 절이자 해인사 말사이고, 능현能玄 비구니 스님이 20여 년간 현재와 같이 도량을 지켜왔다는 것이다.

남원 실상사에서 엄천강을 따라 진주 쪽으로 내려가다 보면 함양 마천면이 나오고 휴천면에 이른다. 문수사는 휴천면 송전리에 있는데, 사랑구봉의 승용차로 서길대 지리산 휴양소에서 15분 정도 걸린다. 걸어서는 40분 정도 걸리고 산길은 가파르다. 문수암 055-962-3865

나를 성숙시키는 겨울암자 273

함양 백운산 상연대

# 암자는
# 어머니를 닮았다

함양 땅에는 곳곳에 최치원의 흔적이 고독한 구름의 그림자처럼 어려 있다. 읍내의 2층 누각인 학사루學士樓와 우리나라 최초로 홍수를 막기 위해 사람 손으로 조성한 상림上林이 그렇고, 백운산 가슴께에 자리한 암자 상연대上蓮臺가 그렇다.

최치원이 당나라에서 귀국하여 신라 헌강왕에게 한림학사翰林學士라는 벼슬을 하사받았으나 요직에 천거되지 못하다가 수 년 후 진골 귀족들의 노골적인 견제를 받아 서라벌에서 먼 지방 태수로 전전하게 되는데, 그 무렵에 천령군天嶺郡: 지금의 함양 태수로도 잠시 와 있었던 것이다.

국제 감각을 지닌 천재 최치원이 요직에 발탁되어 국정을 펼쳤더라면 신국神國이라 불리던 신라도 그렇게 빨리 기울어지지는 않았을 터이다.

최치원이 어머니를 위해 기도한 상연대

> 상원대는 이미 보랏빛 산그늘이 접혀 어둑하다.
> 그래도 나그네가 상원대로 올라가는 것은 최치원이
> 어머니를 위해 기도했다는 그 효성의 터에
> 서보고 싶기 때문이다.

그러나 6두품이라는 신분상의 한계와 기득권층을 이루던 진골 세력의 견제는 최치원의 인생길을 고독하게 바꾸어놓고 만다. 예나 지금이나 인맥과 학연에 의해 피해를 보고 소외받는 부조리는 여전한 것 같아 나그네는 쓸쓸하기만 하다.

마침내 최치원은 42세 때 가족을 이끌고 친형 현준賢俊이 머물고 있는 가야산 해인사로 입산하고 만다. 이후 그는 세속을 더욱 멀리하고 해인사를 떠나 신선처럼 지리산 산자락에서 차를 마시며 은거한다. 그가 가야산에 입산하면서 읊조렸던 시 한 수가 전해지고 있다. 세상의 시비를 떠나 살고 싶다는 희원希願의 시이다.

바위 골짝 치닫는 물 첩첩산골 뒤흔드니
사람 말은 지척에도 분간키 어려워라

세속의 시비 소리 행여나 들릴세라
흐르는 계곡물로 산 둘러치게 했나.
狂奔疊石吼重巒
人語難分咫尺間
常恐是非聲到耳
故教流水盡籠山

바위에 부딪치어 콸콸 소리 내며 흐르는 계곡물 때문에 세상의 시비 소리를 듣지 못하는 청산처럼 최치원 자신도 그렇게 되겠다는 소망이 담긴 시다. 다시 깨닫지만 절망과 희망은 일란성 쌍생아이다. 절망이 없다면 어디에서 희망의 싹이 돋겠는가.

또 한 편 전해지는 최치원의 〈입산시入山詩〉도 그때 지었을 것으로 짐작된다. 산을 나가는 스님에게 자신의 심정을 읊조린 시이다.

스님, 청산이 좋다고 말하지 마소
산이 좋은데 왜 산을 다시 나가오
먼 훗날 내 발자취 두고 보시지요
한번 산에 들면 다시 안 돌아가리.
僧乎莫道靑山好
山好何事更出山
試看他日吾踪跡
一入靑山更不還

암자에는 새들이 일용할 양식이 있다.　　　　　　멀리 천왕봉이 보이는 상연대의 전망

　　이 시들을 최치원이 40대 초반에 읊조렸을 터이니 함양태수로 부임한 것은 아마도 30대 중반 때가 아닌가 싶다.
　　나그네는 읍내의 상림을 둘러보고 그 옆에 조성된 인물 공원에 들어가 서성거려 본다. 아무리 짧아진 겨울 낮이라 해도 최치원의 흉상을 보지 않을 수 없다. 인물 공원에는 함양을 거쳐 간 김종직 등의 목민관들이 조각되어 있다. 최치원은 좌우로 자리한 목민관들의 정중앙에 자리하고 있다.
　　선정을 폈던 목민관은 하나같이 효자였다. 최치원 역시 12살에 당나라로 유학가면서 '십년을 공부하여 과거에 급제하지 못하면 나의 아들이라고 말하지 말라'는 부모의 당부를 받는데, 그는 6년 만에 과거에 급제하여 부모를 기쁘게 한다. 이후 그는 '황소의 난' 전후로 우여곡절을 겪기도 하지만 벼슬길에 나아가 당 황제로부터 인정을 받는 중견관리가 된다. 그러나 최치원은 당의 혼란과 부모의 병환을 이유로 28세에 귀국길에 오른다.

여기서 나그네가 관심을 갖는 것은 최치원의 효성이다. 그는 중국에서 관역순관으로 부임해 갔을 때 병환이 든 부모를 잊지 못하여 신라로 가는 사신 편에 '차와 약'을 보낸다. 〈계원필경〉의 사탐청요전장謝探請料錢狀을 보면 '본국의 사신 배가 바다를 지나간다고 하니 이 편에 부모님께 차와 약을 부쳤으면 합니다'라는 문장이 상관에게 올리는 일종의 진정서 같은 보고서에 기록되어 있는 것이다.

함양의 백전면에도 나그네와 같은 하동 정씨의 집성촌이 있는 곳이라고 부친으로부터 여러 번 들었던 것이 기억난다. 그러나 오늘은 그분들을 만날 시간이 없다. 겨울 햇살이 벌써 백운산 8부 능선쯤으로 올라가 버린 시각인 것이다. 상연대는 이미 보랏빛 산그늘이 접혀 어둑하다. 그래도 나그네가 상연대로 올라가는 것은 최치원이 어머니를 위해 기도했다는 그 효성의 터에 서보고 싶기 때문이다.

지역과 인종을 뛰어넘어 이 세상에서 가장 아름다운 낱말은 무엇일까. 아마도 어머니가 아닐까 싶다. '신은 모든 곳에 있을 수 없기에 어머니를 만들었다'라는 인도의 금언이 있다. 신이 미치지 못하는 곳에 어머니가 있다는 말이니 이 세상의 어머니도 신과 같은 위대한 존재이다. 어머니를 위해 기도한다는 것은 예수나 관세음보살 앞에 무릎 꿇고 기도하는 것과 조금도 다를 바 없다.

이윽고 상연대에 다다라 안내판을 보니 다음과 같은 내용이 쓰여 있다. 상연대는 해인사 말사로 경애왕 1년에 고운 최치원이 어머니 기도

처로 건립하여 관음기도를 하던 중에 관세음보살이 나타나 상연上蓮이라고 부르게 되었다는 것이다.

관세음보살은 소원을 이루어주는 자비로운 보살이다. 기도 중에 관세음보살이 연꽃을 타고 나타났다는 것은 최치원의 마음이 그만큼 간절했다는 증거이다. 나그네도 최치원의 심정으로 법당에 들어가 어머니를 위해 기도해 본다. 주름살이 깊어지고 곱던 살갗에 저승꽃이 피기 시작했지만 아직도 처녀 시절처럼 복사꽃 같은 화사한 빛깔의 옷을 좋아하시는 어머니다. 6·25 전쟁 전 처녀 시절에 불렀다는 백년설의 '고향의 눈'도 가끔 흥얼거리신다.

나그네는 어머니와 헤어진다는 생각을 할 때마다 콧잔등이 시큰해진다. 나그네의 영혼을 지탱해 주던 뿌리 하나가 잘려나갈 것을 미리 생각할 때마다 인생은 고달픔품이 아니라 슬픔哀이라고 정의하고 싶어지는 것이다.

나그네가 서 있는 상연대는 지리산의 동북쪽에 있다. 멀리 왼쪽의 천왕봉에서부터 오른쪽의 반야봉까지의 너그러운 능선이 한눈에 든다. 지리산 봉오리에는 아직도 석양의 햇살이 어머니 손길처럼 따사롭게 쏟아지고 있다. 삶의 고달픈 능선을 넘고 넘어야 할 우리에게도 저와 같은 햇살이 축복처럼 내려쌓이기를 소망해 본다.

88고속도로에서 함양읍으로 들어가 백전면소재지를 지나면 백운리 대방마을이 나온다. 상연대는 대방마을 백운산가든 식당에서 2.4km 떨어진 거리에 있고 승용차로는 10여 분 거리에 있다.
상연대 011-565-7889

해남 두륜산 상원암

# 별빛이 우리 눈에
# 와 닿은 것처럼

상원암 입구의 돌계단 양옆으로 산죽이 숲을 이루고 있다.
계단을 올라서자마자 조립식 법당에서 염불소리가 들려온다.
친구는 아미타불을 염불하는 스님의 목소리만 듣고서도
아! 하고 중얼거린다.

해남 두륜산처럼 나그네와 인연이 깊은 산도 드물다. 두륜산 산자락에 있는 암자만 해도 여러 군데를 일찍이 들른 적이 있다. 오래 전에 가본 일지암, 관음암, 진불암, 북미륵암 등의 암자가 지금도 눈에 선하다. 그래도 두륜산에는 아직도 가보지 못한 암자가 하나 있다. 음각된 마애불이 있다는 남미륵암이다. 남미륵암을 가고자 하는 특별한 이유가 있는 것은 아니다. 일찍이 북미륵암을 가보았으니 그와 대칭이 되는 남미륵암을 가보고 싶은 것이다.

그러나 산을 좋아하는 친구와 두륜산에 들어 남미륵암을 찾고 있으나 오늘도 허사인 것 같다. 지나가는 스님이 진불암에서 남미륵암 위치를 알려주었으나 산길을 잃고 만 것이다. 산길을 오르다 보니 어느 새 두륜산 정상이 가깝다. 그래도 헛걸음쳤다는 낭패감은 안 든다. 오랜만에 땀을 쏟으니 몸과 마음이 개운하다.

청화스님께서 30년 동안 수도한 두륜산의 명당인 상원암 가는 길

등산을 온 것은 아니지만 산 아래를 굽어보니
다리품만 팔았다는 생각은 들지 않는다.
산을 오르면서 깨달은 것이 하나 있기 때문이다.
어느 산자락의 산길을 택하든 힘들지만
쉬지 않고 오르면 정상에 다다른다는 사실이다.

　멀리 땅끝 마을과 완도 바다가 보인다. 등산을 온 것은 아니지만 산 아래를 굽어보니 다리품만 팔았다는 생각은 들지 않는다. 산을 오르면서 깨달은 것이 하나 있기 때문이다. 어느 산자락의 산길을 택하든 힘들지만 쉬지 않고 오르면 정상에 다다른다는 사실이다. 누구라도 느낄 수 있는 평범한 사실이지만 사람들 중에는 더러 안타깝게도 도중에 포기해 버린다.

　진리가 하나이듯 산의 정상도 하나이다. 동쪽의 정상이 있고, 서쪽의 정상이 있는 것은 아니다. 불가에 만법귀일萬法歸一이라는 말이 있다. 나그네 식대로 풀어본다. 가는 길은 만 가지이나 결국에는 하나로 돌아간다는 말이 아닐까 싶다.

　올라왔던 산길을 다시 되짚어 내려간다. 하산하는 발걸음은 한결 쉽다. 비로소 두륜산 산자락의 풍광이 눈에 들어온다. 햇빛에 반짝이는 동

기도의 열기로 흰눈이 녹고 있는 상원암 법당

"내 존재가 소중하다고 생각하면 결국 그 길로 들어 소중해지고 마는 것이네.
아침저녁으로 남을 위해 감사의 기도를 해보게.
그리하면 자신의 삶이 어느새 풍요로워져 있다는 것을 느끼게 된다네."

 백나무 잎들이 동백꽃 못지 않게 아름답다. 이제는 남미륵암을 포기한 채 오면서 보았던, 얼마 전에 입적하신 조계종 원로회의 의원이셨던 청화스님께서 30년 동안 수도하신 상원암上院庵을 들르기로 친구와 결정한다. 친구는 상원암에 계시는 스님을, 스님이 출가하기 전에는 형이라고 불렀다고 한다. 친구 마음은 벌써 지난 과거로 돌아가 있다.
 상원암 입구의 돌계단 양옆으로 산죽이 숲을 이루고 있다. 계단을 올라서자마자 조립식 법당에서 염불소리가 들려온다. 친구는 아미타불을 염불하는 스님의 목소리만 듣고서도 아! 하고 중얼거린다. 20여 년 전에 들었던 바로 그 목소리라는 것이다. 놀랍다. 하긴 어느 책에선가 사람의 음성에도 손가락의 지문처럼 성문聲紋이 있다는 것을 본 적이 있다.
 염불을 끝낸 스님이 친구를 보자 역시 놀란다. 스님은 방안에 앉자마자 친구에게 그동안 공부했던 것을 풀어놓는다. 얼마나 반가웠던지 친

사람의 발자국을 부끄럽게 하는 눈길

구에게 공부했던 것을 다 선물하겠다는 표정이다.

"20여 년 전 이곳에 처음 들어왔을 때, 그동안 꿈을 꾸며 살았다는 기분이 들었네. 조신의 꿈을 이해할 수 있었어. 이제는 출가 전의 삶이 마치 전생 같아. 여기 와서야 꿈이 아닌 새로운 삶이 시작됐네. 처음에는 쑥을 뜯어 쓴 쑥국만 먹고 여섯 달을 지냈네. 쑥이 얼마나 썼던지 그 다음에 먹어 본 머위 잎은 달더군."

스님의 법명이 특이하다. 청하스님께서 왕인王忍이라고 지어주었다고 한다. '누구보다 잘 참는 스님'이 되라고 그렇게 법명을 지어주었는지 모르겠다. 스님이 몇 권의 책을 내놓으며 말한다.

"몇 년 전에 은사 스님께서 입적하셨다면 눈물깨나 쏟았을지 모르겠네. 다행이 스님께서 깨달은 바를 나도 엿볼 수 있게 되어 눈물은 나오지 않았네. 불교란 한 마디로 '소중한 내 존재'를 깨달아 아는 것이네. 자네 부부도 공부를 해보게나. 언제든지 상원암을 찾아오게. 내가 도와주겠네."

스님은 친구에게 '자네' 혹은 '하게'라는 다정한 말로 간곡하게 당부하고 있다. 나그네도 옆에서 스님의 말씀을 새겨듣는다.

"자네가 여기에 온 것은 상원암을 가겠다고 한 생각 일으켜서 온 것이네. 인생길도 마찬가지네. 내 존재가 소중하다고 생각하면 결국 그 길로 들어 소중해지고 마는 것이네. 아침저녁으로 남을 위해 감사의 기도를 해보게. 그리하면 자신의 삶이 어느새 풍요로워져 있다는 것을 느끼게 된다네. 수 억 광년 떨어진 거리의 별빛이 우리 눈에 와 닿는 것처럼 그 메아리는 반드시 돌아온다네."

스님이 손수 음료수를 만들어 내놓으며 은사 얘기를 꺼내신다.

"우리 은사 스님은 아주 겸손한 분이셨어. 늘 상대방을 끌어안으며 말씀하셨지. 그래야 상대가 얘기하는 사람을 밀어내지는 않는 법이라네. 한 번은 낚시꾼이 은사 스님을 찾아와 낚시 자랑을 한참 동안 했어. 나 같았으면 살생하는 낚시를 만류했을 거네. 그런데 은사 스님께서는 오히려 어디어디서 낚시를 하느냐고 그 사람에게 묻는 거였네. 그러고 2년 후 그 낚시꾼이 또 찾아왔어. 그때도 스님께서는 미소를 지으며 '요즘도 낚시하십니까?' 묻더라고. 그제야 낚시꾼이 낚시하지 말라는 소린 줄 알아듣고 집에 돌아가 낚싯대를 전부 끊어버렸다는 얘기일세. 우리 은사 스님은 그런 분이셨네."

나그네도 청하스님을 뵌 적이 있다. 법문을 듣기 전에 삼배를 하는데, 일배가 끝나자마자 바로 나그네의 손을 잡아끌며 환하게 미소지으며 됐다고 말씀하시던 그 인자한 모습이 지금도 눈에 선하다.

방을 나와 돌계단을 내려서는데 스님이 친구의 등에다 대고 소리친다.

"동생, 잘 가게, 또 오게나."

나그네는 문득 가슴이 뭉클해진다. 뒤돌아보지 않아도 동생을 보내는 스님의 따뜻한 마음을 읽을 수 있을 것 같다. 산길을 내려가는 나그네의 발걸음은 가볍기만 하다. 푸른 산죽이 나그네의 두 눈을 씻겨주고 있다.

대흥사 입구에서 승용차로 가자면 오른편으로 난 진불암 쪽으로 가야 하고, 걸어서 가자면 대흥사 법당 쪽에서 진불암으로 가는 산길을 이용하면 된다. 상원암은 진불암에서 두륜산 정상으로 가는 길목(이정표)에서 오른쪽으로 난 산길 끝에 있다. 상원암 061-532-6559

해남 달마산 부도암

흰 구름 그늘 아래서
소리없는 소리를 듣는다

부도로 남겨진 고승의 삶은 어린 아이처럼 천진하고
동화적이었을 거라는 느낌도 준다. 고승의 죽음을 기리는
부도에 토끼와 게와 다람쥐가 새겨진 부도는 아마도
우리나라 어느 절에서도 찾아보기 힘들 것이다.

　우아하고 그윽한 이름의 미황사美黃寺는 해남의 땅끝 마을 가까운 산자락에 있다. 남도의 금강산이라 불려지는 달마산 품안에 있는 것이다. 허공을 향해 직립해 선 달마산 봉오리의 바위들을 보고 있으면 마치 조물주가 빚은 장엄한 바위 병풍을 보고 있는 듯하다.
　계곡의 물만 산 아래로 흐르는 것이 아니다. 달마산 정상의 바위들의 힘찬 기운도 물처럼 흐르는 느낌이 든다. 저 바위 기운이 첫 번째로 멈추어 뭉쳐지는 곳이 바로 미황사의 산내 암자인 부도암이다. 달마산의 단전에 해당되는 자리라고나 할까, 나그네는 풍수를 전혀 모르지만 암자의 위치가 그러하다.

　부도암이란 말 그대로 부도들을 지키는 암자이고, 부도란 붓다의 한자 음역이다. 그러니 부도는 원래 부처의 사리를 모신 조형물인 것이다.

불꽃처럼 솟아있는 달마산 부도암의 부도들

떠다니는 구름이 온 곳 없듯
가는 곳 자취가 없네
구름이 오고 가는 것을 살펴보니
다만 하나의 허공일 뿐이네.

그러나 인도의 불교가 중국을 거쳐 우리나라로 들어오면서 고승의 사리를 봉안한 석물石物이나 벽돌로 쌓은 전탑塼塔도 부도 혹은 사리탑이라고 부르게 된다.

나그네는 미황사를 들를 때마다 거의 부도암을 먼저 올랐다. 암자 옆에 화염처럼 뾰쭉뾰쭉 서 솟은 수십 기의 돌탑(부도)들 때문이다. 무슨 탐사를 하듯이 부도 사이를 거닐며 생각에 잠긴다. 부도를 그저 돌덩이라고 바라보면 감흥은 사라지고 만다. 고승이 한 분 한 분 흰 구름 아래서 좌선삼매에 빠져 있다고 생각하면 그제야 선열禪悅이 인다.

그렇다. 나그네에게 부도암은 삶과 죽음을 즐겁고 편안하게 명상하게 한다. 더구나 부도에 선명하게 양각으로 새겨진 게, 토끼, 물고기, 다람쥐, 연꽃, 귀신의 얼굴, 새, 사슴, 거북이 등은 넉넉한 동화의 나라로 안내한다. 부도로 남겨진 고승의 삶은 어린 아이처럼 천진하고 동화적이었을 거라는 느낌도 준다. 고승의 죽음을 기리는 부도에 토끼와 게와 다람쥐가 새겨진 부도는 아마도 우리나라 어느 절에서도 찾아보기 힘들 것이다.

흰 구름 그늘에 앉아 설봉雪峰스님의 부도를 바라보고 있자니 대흥사 13대종사 중 8대였던 스님의 선시禪詩가 떠오른다. 스님은 자유주의자였나 보다. 격식과 구속을 싫어하여 때로는 가사가 헤져도 깁지 않고, 수염도 자르지 않고, 머리카락도 자르지 않아 더벅머리가 되기도 하였다고 전해진다. 자신을 부자연스럽게 구속하는 계율을 벗어 던졌으니 사람들로부터 오해도 많이 받았으리라. 그때 스님이 지어 부른 자유의 노래가 지나가는 산바람처럼 나그네의 가슴을 청량하게 한다.

평생을 한가로이 보내며 구속받지 않으리
술집이건 다실이건 마음가는 대로 살리라
어떤 일도 거두거나 나서지 않으며
나귀에 몸을 얹고 깨달음의 땅 지나리.

이렇게 자유를 마음껏 누리며 살다가 죽음에 이르러서는 다음과 같은 깨달음의 노래를 남긴다.

떠다니는 구름이 온 곳 없듯
가는 곳 자취가 없네
구름이 오고 가는 것을 살펴보니
다만 하나의 허공일 뿐이네.

서남해안에서 일몰이 장관인 미황사 경내

살아오면서 남긴 흔적을 말끔히 씻고 처음 올 때와 같이 허공으로 돌아간다는 이른바 열반송이다. 우리네 인생도 설봉스님의 삶과 조금도 다를 바 없다. 미처 깨닫지 못하고 있을 뿐이다. 누구나 빈손(허공)으로 왔다가 빈손(허공)으로 돌아간다. 이 도리를 안다면 단 한번 주어진 인생을 욕심만 부리고 살 일이 못된다. 어차피 텅 빈 허공으로 돌아갈 인생이 아닌가. 최선을 다하여 살되 손에 쥔 것을 놓을 줄 알아야 한다. 몸부림치며 손에 쥐려고 하는 것을 때로는 미련없이 버릴 줄 알아야 한다. 이미 넘친 것은 남에게 비울 줄도 알아야 한다. 그래야만 삶이 비로소 한가로워진다. 삶이 괴롭고 답답한 것은 바로 자기 자신의 쥔 손에서 비롯된다는 사실을 깨달아야 한다.

부도암의 남부도지를 내려서니 석양이 기운다. 나그네는 걸음을 재촉하여 산길 밑의 서부도지에 들러 그곳의 부도들을 마저 친견한 후 미황사 경내로 들어선다. 일몰이 연출하는 노을을 보기 위해서다. 마침 구름이 한 점 없는 맑은 겨울날이다. 이런 날의 노을은 대략 오후 6시 20분에서 45분까지 파노라마처럼 펼쳐진다.

나그네는 미황사의 노을을 이미 두 번이나 본 적이 있다. 바다 위에 나타난 노을은 어느 시인의 노래처럼 사뿐사뿐 여인의 발걸음이듯 부드럽게 오지 않는다. 격렬하게 다가선다. 기총소사를 하듯이. 비등점에서 물이 한 순간에 끓어오르듯 미황사의 노을은 소나기 퍼붓듯 요란하게 바다를 적신다.
미황사에서는 지는 해의 아쉬움 같은 것은 전혀 일지 않는다. 오히려 바다를 붉게 물들이고 사라지는 석양이 찬란할 뿐이다. 노을을 보고 있으면 허약한 감상感傷이 발을 붙이지 못한다. 노을은 돌아서는 나그네의 발길에 힘을 보태준다.

언젠가 나그네는 현실의 삶에 고전하는 친구가 보길도를 간다기에 이런 주문을 한 적이 있다. 보길도를 가기 전, 반드시 땅끝 마을에 자리한 미황사라는 절을 들러 보게. 그곳 부도암 그늘에 쉬면서 돌들이 외치는 소리를 들어보게. 또 하나 더……, 미황사 법당 위 가람의 마당에서 노을을 기다리게. 그 감흥을 말로 설명해 줄 수는 없네. 다만 가슴이 뭉클해지면서 시들했던 삶이 다시 풋풋해질 거라고 믿네.

그렇다. 친구에게 했던 그 말은 지금도 유효하다. 노을이 펼쳐지려는 이 순간 나그네는 다시 그때의 감동에 휩싸이려 하고 있다.

해남읍에서 땅끝 마을을 향해서 계속 남쪽으로 달리다 보면 송지면 월송리 삼거리가 나온다. 그곳에서 우회전하여 8km 정도 가면 미황사에 이른다. 부도암은 미황사 경내에서 오른쪽 산길로 10여 분 거리에 있다. 부도는 부도암 옆의 남부도지와 암자 가는 산길 중간쯤의 서부도지에 있다.
부도암 061-535-3521

보성 천봉산 만일암

## 만개의 햇살이
## 따사로운 암자

좀 전까지만 해도 눈이 올 것처럼 하늘이
잿빛이었는데, 만일암의 이름처럼 만 개의 햇살이
비쳤다 사라지고 있다.
무엇을 얻은 것도 같고 잃은 것도 같은
한겨울의 나그네 마음이다.

 

구불구불하게 돌아가는 산길은 탯줄 같은 느낌을 준다. 하늘에서 봉황이 내려앉았다는 천봉산天鳳山 가는 산길도 마찬가지다. 천봉산이 모태母胎라면 산길은 탯줄이 된다. 더구나 천봉산 가는 산길 옆으로는 어머니의 자궁 같은 호수가 펼쳐져 있다. 그래서 천봉산 가는 산길이 나그네 마음을 더욱 편안하게 해주는지 모르겠다.

지금은 한겨울이다. 잎을 다 떨구어버린 벚나무들이 호젓한 산길에 제 그림자를 드리우고 있다. 자신의 혼들이 난분분 난분분 흩날리는 봄날을 꿈꾸는 듯하다. 문득, 눈이라도 내렸으면 싶다. 일본의 잇큐一休 선사의 시가 떠오른다.

    벚나무 가지를 부러뜨려봐도
    그 속에는 벚꽃이 없다

극락으로 드는 듯한 대원사 연지문

내가 태어났을 때 나는 울었고, 내 주변의
모든 사람들은 웃으며 기뻐했다.
내가 내 몸을 떠날 때(죽을 때) 나는 웃었고,
내 주변의 모든 사람들은 슬퍼 울고 괴로워했다.

그러나 보라, 봄이 되면
얼마나 많은 벚꽃이 피어나는가.

무릇 세상의 모든 일에는 때가 있는 법이다. 미래의 일을 미리 당겨서 경험할 수는 없다. 때가 되면 벚꽃이 만개하듯 인(因)의 과果는 제 발로 걸어오기 마련이다. 지금 벚꽃은 죽어 있는 것이 아니라 침묵하고 있을 뿐이다. 한겨울에 살아남기 위해 모든 잎을 떨구고 뿌리에 힘을 모으고 있는 중이다. 치열하게 봄날을 기다리고 있는 것이다.

산길에서 마주치는 한겨울의 벚나무도 이처럼 나그네에게는 스승이 된다. 풀 한 포기 나무 한 그루와의 만남까지도 내면에 울림을 주고 깊어지게 하는 것이 암자 가는 산길이 아닐까 싶다. 사람이 입을 다물면 자연이 입을 연다는 금언처럼 산길에서는 '눈 속의 눈'으로 보게 되고

만일암 가는 길의 돌부처님

'귀 속의 귀'로 듣게 된다.

　천봉산에는 대원사와 만일암이라는 암자가 있다. 나그네는 지금 대원사의 산내 암자이기도 한 만일암萬日庵으로 가고 있는 중이다. 그런데 대원사를 창건했다는 아도阿道의 이야기가 호기심을 자극한다. 아도는 원래 고구려 출신의 승려로서 신라 미추왕 때 신라 땅으로 들어가 불법을 포교하려다가 여의치 않자 선산의 모례 집에서 3년 동안 숨어살다가 죽었다고 전해지는 수행자이다. 이런 사연을 가진 아도가 어떻게 백제 땅으로 들어와 대원사를 창건했는지 흥미롭다. 아도가 백제 땅으로 들어왔다는 것이 사실이라면 아마도 모례 집에서 숨어 산 이후, 즉 아도에 관한 기록이 증발해버리는 시기가 아닐까. 모례 집도 더 이상 안전한 곳이 될 수 없었으므로 또 다시 신라 땅을 벗어나 피신해야 했으리라.

　아무튼 아도는 봉황이 날아가는 곳을 좇아 절터를 자리잡았다고 하는데, 천년이 지난 오늘의 나그네도 아도가 걸었던 산길을 가고 있다. 아도에 의해서 고구려와 신라, 백제가 만났던 그곳으로 지금 가고 있다.

만 개의 해가 뜨는 듯 양명한 만일암 전경

    마침내 벚나무 산길이 끝나고 이국적인 하얀 탑이 눈에 들어온다. 그 탑 너머에는 티벳 식의 건물이 보인다. 대원사의 티벳 박물관이다. 몇 년 전에 삶이 곧 신앙인 나라 티벳, 거기에서도 눈 덮인 설산雪山을 순례한 적이 있는 나그네에게는 반갑지 않을 수 없다. 나그네 생각이지만 종교가 필요한 것은 죽음 이후의 세계가 있기 때문이 아닐까 싶다. 아무리 첨단의 과학이라 하더라도 죽음 이후의 세계는 보여줄 수 없을 뿐더러 이야기해 줄 수도 없는 것이다.

깨달음의 세계는 거창한 경지가 아니라 의외로 평범한 데에 있다.
순수하고 맑고 깨어 있던 바로 그 첫 마음을 지키는 일이 바로 깨달음인 것이다.

죽음을 안다는 것은 삶은 안다는 말과 동의어가 아닐까. 티벳 박물관 안을 빠르게 돌고 나왔지만 '사후 세계 체험실' 앞에 적혀 있는 티벳의 속담 하나가 잊혀지지 않는다.

'내가 태어났을 때 나는 울었고, 내 주변의 모든 사람들은 웃으며 기뻐했다. 내가 내 몸을 떠날 때(죽을 때) 나는 웃었고, 내 주변의 모든 사람들은 슬퍼 울고 괴로워했다.'

만일암은 대원사 경내를 지나야 한다. 얼마 전에 주지 현장스님의 안내를 받아 만일암을 갔던 적이 있으므로 나그네는 망설이지 않고 경내를 걸어 오른다. 현장스님의 생각이듯 경내에 펄럭이는 깃발에 적힌 글귀들이 발걸음을 붙잡는다.

'잘 보낸 하루 달콤한 잠, 잘 보낸 인생 행복한 죽음'

'이 세상은 한 송이 꽃, 모든 생명은 나의 가족'

'불가의 용상 대덕이 되려거든, 중생의 소와 말이 되거라.'

만일암은 원래 저잣거리에 사는 재가불자들이 시간을 내어 수행하려고 현장스님의 허락을 받아 지은 암자라고 한다. 그런데 지금은 재가불자들의 모습은 보이지 않고 비구니스님 한 분이 머물고 있다. 작심삼일이란 말이 떠오른다. 초심初心, 첫 마음을 지키는 일이 얼마나 어려운 일인가를 만일암이 말해주고 있다.

올해도 첫날에 사람들은 무엇을 해야겠지 하고 저마다 마음을 다졌으리라. 불가에 선심초심이라는 말이 있다. 선심禪心이란 수행자들이 정진하여 도달하려는 궁극의 마음을 말한다. 그런데 그게 초심이라니 깨달음의 세계는 거창한 경지가 아니라 의외로 평범한 데에 있다. 순수하고 맑고 깨어 있던 바로 그 첫 마음을 지키는 일이 바로 깨달음인 것이다.

만일암 누각에 앉아 법진法鎭스님과 분말로 된 차를 한 잔 하고 나니 어느새 잠깐 비쳤던 해가 대숲 너머로 사라진다. 좀 전까지만 해도 눈이 올 것처럼 하늘이 잿빛이었는데, 만일암의 이름처럼 만개의 햇살이 비쳤다 사라지고 있다. 무엇을 얻은 것도 같고 잃은 것도 같은 한겨울의 나그네 마음이다.

호남 고속도로에서 동광주 IC로 나와 화순을 거쳐 사평, 문덕까지 오면 주암댐 호수가 보이고 대원사 가는 이정표가 나타난다. 20여 리나 되는 벚나무 산길이 호젓해서 좋다.
만일암(대원사 종무소) 061-852-1755

나누 덕룡산 문성암

# 눈에 파묻히어
# 묵언 중인 산골짜기

> 발자국에도 표정이 있는 것일까. 산짐승의 발자국은 나그네의 그것과 달리 선하고 예쁘다. 산짐승이 남긴 발자국에는 욕심의 얼룩이 없다. 조그맣게 찍힌 그것들을 보고 있자니 찬물로 눈이 씻겨지는 느낌이다.

　눈이 내리고 있다. 하늘 가장자리의 적막이 한 켜 한 켜 떨어져 내리고 있다. 산 속은 이미 침묵의 울타리를 넘어 적막의 세상으로 변해 있다. 승용차는 이제 더 나아갈 수 없다. 나그네는 승용차의 진입을 거부하는 호젓한 눈길을 걷는다.

　산자락에는 산짐승의 발자국이 또렷하다. 산토끼와 노루의 맑은 발자국이다. 먹이를 찾으려고 산가山家 가까이 내려왔나 보다. 이 정도의 폭설이면 암자의 수행승은 산짐승의 안부가 저절로 걱정되리라. 눈은 산토끼나 노루의 먹이를 한 동안 깊이 묻어버리니까.

　일찍이 초의 선사가 머리 깎고 출가했던 운흥사의 이정표가 보이는 지점에서 왼편 산길로 꺾어 오른다. 지금 나그네가 찾아가는 절은 운흥사가 아니라 문성암이다. 어느 때 인연이 되면 운흥사도 들러 초의 선사가 흘린 향기 자국도 주워보리라. 운흥사雲興寺. 구름처럼 도인이 난다고

참회의 자리로 돌아가게 하는 문성암 법당

눈 내린 들판을 밟아갈 때에는
모름지기 그 발걸음을 어지러이 하지 말라
오늘 걷는 나의 발자국은
반드시 뒷사람의 이정표가 될 것이니라.

    해서 붙여졌던 이름일 터. 하긴 예전에는 이 일대의 골짜기마다 수행자들이 모여들어 암자가 번성했다고 전해진다. 문성암도 당연히 운흥사의 한 암자였을 것이다. 지금의 문성암은 백양사의 말사로 등재되어 있다.
    발자국에도 표정이 있는 것일까. 산짐승의 발자국은 나그네의 그것과 달리 선하고 예쁘다. 산짐승이 남긴 발자국에는 욕심의 얼룩이 없다. 조그맣게 찍힌 그것들을 보고 있자니 찬물로 눈이 씻겨지는 느낌이다. 그래도 나그네는 조심스럽게 눈 덮인 산길에 또박또박 발자국을 남기며 오른다. 문득 김구 선생이 가장 좋아했다는 서산대사의 시가 떠오른다.

    눈 내린 들판을 밟아갈 때에는
    모름지기 그 발걸음을 어지러이 하지 말라
    오늘 걷는 나의 발자국은

반드시 뒷사람의 이정표가 될 것이니라.

踏雪野中去 不須胡亂行 今日我行跡 遂作後人程

　독립지사였던 김구 선생께서 왜 이 시를 즐겨 읊조렸는지 누구라도 이해하리란 생각이 든다. 눈 내린 들판은 누구에게나 주어진 인생을 뜻하고, 발걸음은 우리네 삶의 태도일 터이고, 발자국은 저마다 삶의 흔적이 아니겠는가. 나그네는 '오늘 걷는 나의 발자국은 반드시 뒷사람의 이정표가 될 것이니라' 라는 구절에서 가슴이 써늘해진다. 이정표가 되기는커녕 만났던 이들에게 행여 상심의 그늘을 드리우지 않았나 싶기에 그렇다. 산길을 오른 지 10여 분이 지났을까. 몇 채의 산가를 지나치자 문성암이 보인다. 암자도 내리는 눈에 덮여 묵언默言을 하고 있는 듯하다. 바람이 없으니 풍경소리도 없다. 이럴 때는 암자에 들어서 누구를 부르는 것조차 미안해진다.

　암자 입구로 들어서 숨을 고른다. 이층 구조로 된 법당 이름이 좀 특이하다. 참회전懺悔殿이란 편액이 붙어 있다. 조그만 팻말에도 '참회기도도량' 이라고 적혀 있다. 어디를 가나 관음기도와 지장기도 도량은 많지만 참회기도를 내건 절은 아마도 이곳이 유일한 것 같다.

　눈길을 걸어 올라왔던 뒤끝이라서 그런지 '참회의 기도를 하십시오' 라고 권유하는 듯한 암자의 분위기에 스스럼없이 젖어든다. 나그네는 이층 법당으로 올라가 향을 하나 태우고 삼배를 한다. 절을 하는 것 자체가 참회의 시작이니까. 절은 자기 자신을 낮추는 행위이니까. 절은 몸을 움직이는 굴신屈身 운동이 아니라 자신의 마음을 밑에 놓게 하는 하심下心을 키우는 수행이니까. 법당에서 내려와 털신이 놓인 방 앞에서

산짐승들의 발자국이 해맑은 눈 쌓인 문성암

> 수행자의 생애가 별 것 아니요
> 한 사 물이 능히 만장의 물결을 일으키는구나

스님을 부르니 처사가 나온다.

"주지스님 계십니까?"

"서옹 큰스님께서 열반에 드셔 백양사에 가셨습니다."

그제야 나그네는 서옹 큰스님의 입적을 생각해낸다. 엊그제인가 그곳에 가지는 못했지만 멀리서 잠시 마음속으로 합장했던 것이다. 스님을 마지막 뵀던 게 작년 봄이다. 그때 스님께 물었던 질문이 새삼 떠오른다.

"불교란 무엇입니까?"

"사람들은 제정신이 없이 살고 있어. 술 취한 듯, 꿈을 꾸듯, 미친 듯이. 불교란 제정신으로 깨어서 살자고 보채는 종교지."

"선이란 무엇입니까?"

"인간에게는 감각이 있고 감각을 지배하는 이성이 있어. 그런데 그 이성으로는 생사 문제를 해결할 수 없지. 그래서 불성(영성) 자리를 찾는 것이야. '불성 자리의 나'가 참사람인 거지. 바로 그 참사람의 자리를 찾고자 하는 것이 선이지."

"어떻게 살아야 합니까?"

"무위진인(참사람)에게는 삶도 죽음도 없어. 조주스님이 어느 날, 장례행렬을 보고 이런 말씀을 하셨지. '한 사람이 살아서 가는데 만 사람이 죽어서 따라간다' 죽어도 사는 사람이 있고, 살아도 죽은 사람이 있어. 죽으면서 살든지 살면서 죽든지는 '지금 여기서' 어떻게 사느냐에 달려 있지."

스님께서 읊조리신 게송이 가슴을 치기도 한다.

수행자의 생애가 별 것 아니요
한 자 물이 능히 만장의 물결을 일으키는구나.

衲僧活計無多子 尺水能與萬丈波

스님의 한 말씀이 만장의 물결이 되어 가슴에 와 닿는 것이다. 나그네의 가슴에만 와 닿는 것이 아니라 스님을 친견한 모든 이의 마음에 파문을 일으켰을 터이다. 또한 스님께 인생이 무엇이냐고 묻자 '한번 켜졌다 꺼지는 등불'이라고 하신 말씀도 생각난다.

나그네는 극락으로 가셨을 서옹스님을 향해 다시 합장하며 암자를 내려선다. 암자의 감나무에는 아직도 감이 붉은 꽃처럼 달려 있다. 산새들의 양식이 될 것이기에 더욱 아름답다. 나그네도 어느새 초로草露의 나이다. '풀잎 끝의 이슬' 같은 나이가 된 것이다. 온몸을 던질 수밖에 없는 이슬처럼 살아야 하는 나이다. 젊은 시절에는 멈칫거리고 때로는 뒤로 갈 수도 있었지만 이제는 장작불처럼 순간순간 최선을 다해 타올라야 한다. 지금 이 순간이야말로 침전물처럼 눌어붙은 지난 시간의 부끄러움을 말끔히 씻어버릴 수 있는 절호의 기회이기 때문이다. 지금 이 순간을 소중하게 생각하고 잘 살아야 한다.

천불 천탑의 전설로 유명한 화순군 운주사에서 나주시 다도면 불회사 가는 길로 가다가 문성암 이정표를 보고 덕룡산 산길로 접어들면 암자에 이른다. 문성암 061-337-0711

작가의 오솔길

# 산사는
# 내면의 접속부사다

## 사람들은 왜 절을 찾는가

 단청이 희미해진 옛 절이 하루 중에서 가장 아름다울 때는 석양빛이 처마 밑을 파고들 무렵이고, 사계절 중에서는 단풍이 붉음을 토해낼 때인 깊은 가을이다. 이때 어느 화가는 종소리를 듣는 순간 눈물이 쏟아져 전생에 수도승이 아니었을까 하고 생각해봤다는 얘기를 들은 적이 있다. 누구라도 절에 들어서면 마음이 편안해진다. 고향에 계시는 어머니를 만난 듯도 하다. 나그네는 어느 소설에서 이렇게 말했다. 산문 안이 그윽한 안식의 공간이라면 산문 밖은 열뇌熱惱의 세상이라고.
 우리 안에는 오랜 세월을 거치면서 만들어진 우리만의 냄새와 빛깔이 유전인자처럼 숨어 있다. 한 종교가 그 땅의 문화가 되려면 적어도 5백 년이 흘러야 된다고 했던가. 우리의 그 유전인자란 잘 알다시피 무속적이고 불교적이고 유교적인 것들이다. 우리들은 흔히 이것들을 전통문화라고 부른다.

나그네는 우연히 한 여자가 일주문을 들어서더니 절 뜰에서 소리 없이 우는 것을 본 적이 있다. 법당에 들어가지 않는 것을 보니 불교신자는 아닌 듯했다. 그 절 스님의 짤막한 한 마디도 잊혀지지 않는다. '실컷 울다 가세요.' 여자는 한참을 울더니 호주머니에서 승용차 키를 뽑아 들고는 언제 울었느냐 싶게 총총히 사라져갔다. 절이란 그런 곳이다.

여행의 길손들이 절을 찾는 것은 우리 문화나 역사의 흔적을 보고자 하는 바람도 있겠지만, 사실 그 내면에는 '우리는, 혹은 나는 누구인가' 하는 자기 자신도 의식하지 못하는 이끌림이 숨어 있는 것이 아닐까.

## 나는 작은 절이 좋다

사람에게 인격이 있듯이 절에도 사격寺格이 있다. 불교계에서 내세우는 삼보사찰은 젊은이들에게 잘 어울린다. 부처의 진신사리가 봉안된 불보사찰 통도사, 팔만대장경이 보관된 법보사찰 해인사, 16국사를 배출한 승보사찰 송광사가 그것이다. 사찰의 규모가 크고 산과 계곡이 웅혼하여 무엇에 발심發心하는 젊은이들의 성정에 맞는 천년 고찰들이다. 통도사의 영축산, 해인사의 가야산, 송광사의 조계산도 등산길이 잘 트여 있어 치열하게 정진했던 자장율사, 성철스님, 보조국사 등등 고승을 떠올리며 산행하는 것도 추억에 남을 것이다.

삼보사찰을 둘러본 후에는 차츰 호젓하고 작은 절을 찾게 된다. 저잣

> 산사의 기호는 침묵의 덩어리 같은 적막이다.
> 그 적막은 자기 자신을 내면으로 향하게 하고,
> 자연과 가까이하게 하는 접속 부사다. 사람이 입을
> 닫으면 자연이 입을 연다는 금언을 잊지 말 일이다.

거리에서 부대끼는 삶을 잠시 내려놓고 휴식하기에 좋기 때문이다. 그런 탓인지 삼사십 대의 직장인들을 작은 절에서 자주 마주친다. 서울에서 가까운 곳부터 소개하자면 강화도의 전등사와 보문사는 잠시 시간을 내어 무거워진 머리를 식히기 좋고, 경기도 소요산 자재암과 운악산의 현등사는 마음 맞는 사람끼리 주말 산행하기가 적당하고, 강원도 설악산의 백담사는 내설악의 풍광, 신흥사는 외설악의 경치가 그 만이다. 양양 낙산의 낙산사에서는 일망무제의 동해를 볼 수 있고, 충청도의 개심사와 장곡사는 혼자 떠나 명상하기에 좋고, 계룡산의 동학사와 갑사는 산길이 수월해 가족이나 일행이 함께 걷는 즐거움이 크고, 전라북도 변산의 내소사와 선운사 및 내장산 내장사는 각각 전나무 숲길과 동백꽃, 애기단풍이 명물이어서 잃어버린 감성을 되살리는 데 좋다. 전라남도 화순의 운주사는 천불 천탑을 쌓으려 하던 민초들의 꿈이 눈에 밟히고,

화순의 쌍봉사는 우리나라에서 최고의 석조물인 철감선사 부도가 발길을 붙잡고, 보성의 대원사에서는 가을부터 피기 시작하는 야생 차꽃의 향기를 맡을 수 있다. 경상북도의 영주 부석사는 눈앞에 흘러가는 산맥의 안대가 시원하고, 안동의 봉정사는 건축가들에게 조선건축의 성지이며, 문경의 김룡사는 석양 무렵 가을하늘을 나는 잠자리 떼의 군무가 감춰진 비경이고, 울주의 불영사는 절 이름 그대로 부처의 그림자가 어린 곳이다. 경상남도 밀양 표충사는 사명대사의 호국을 기리고, 사천의 다솔사와 하동의 쌍계사에서는 전통차를 음미할 수 있어 좋다. 마지막으로 남해 금산의 보리암은 여수 향일암과 양양 홍련암과 더불어 불교 신도들에게 관음기도처로서 기도의 감응이 큰 곳이다.

## 달라지는 절의 풍속도

요즘에는 절에도 컴퓨터가 들어와 젊은 스님들은 방선 시간이나 휴식 시간에는 인터넷을 즐겨 한다. 네티즌 스님들이 홈페이지를 통해서 불특정 다수와 오늘의 문제를 함께 고민하고 있는 것이다. 그 대표적인 스님이 대흥사 관음암의 한북스님이다. 스님은 〈산사의 선율〉이라는 CD도 개인적으로 만들었고, 인기 있는 홈페이지도 운영하고 있다. 현대인의 눈높이에 맞추려고 강원에서는 불경만 공부하지 않고 영어와 일어 강의가 보편화되어가고 있다. 변화의 주체는 아무래도 삼사십대의 한글세대 스님들인데, 한자세대의 노스님들과 충돌하지 않고 현재까지는 징검다리 역할을 잘 하고 있어 안심이다.

스님들의 수행 공간인 절도 마찬가지로 변하고 있다. 도심에 사는 사람들이 절에 오도록 갖가지 이벤트가 벌어지고 있다. 그 대표적인 것이 '산사음악회'다. '산사음악회'는 반응이 뜨거워 웬만한 사찰은 다 한번씩 했을 정도이다. 최근에는 사찰 부근의 생태기행, 연꽃축제, 구절초축제 등 환경친화적인 축제도 다양해지고 있고, 단기 수련회나 템플스테이에 대한 일반인들의 호응이 좋아 그 프로그램이 더욱 정교해지고 있다. 예컨대 단순한 야간 산행이 아닌 달빛밟기 행선行禪이나 어린이 한문학당 같은 것이 생겨나고 있는 것이다. 이벤트가 끊이지 않는 작은 절의 참신한 기획을 보면 마치 벤처사찰이란 느낌이 든다.

## 절은 절하는 곳이다

김수환 추기경은 석굴암에 들어가 합장하고 참배하며 자신이 한국인임을 새삼 느꼈다고 얘기한 적이 있다. 불상 앞에서 합장하고 고개를 숙이는 것은 우상 숭배가 아니다. 누구나 부처이듯 불상은 때 묻지 않은 본래의 자기 자신이기 때문이다. 불가에서는 '마음을 밑에 놓는다'는 뜻으로 하심下心이라고 한다. 절을 하는 것은 자신을 가장 낮추는 자세이다.

해인사의 한 고승은 방에 앉아서도 사람들이 입에 묻힌 냄새를 맡고는 일주문 아래 몇 사람이 오고 있다는 것을 알았다고 한다. 얼마 전에 입적하신 서옹스님은 수술할 때 남의 피를 수혈받지 못했다고 한다. 스님의 피가 너무 맑기 때문이었다. 그래서 나는 암자 기행문을 쓸 때 절대로 비린내 나는 절 부근의 음식점 소개 같은 것을 한 적이 없다. 이왕 일주문 안에 들어섰다면 법당에 들어가 가족과 이웃을 위해 기도하고 나를 찾아보고 하심을 키우는 '하루 수행자'가 되어봄이 어떨까.

  산사의 기호는 침묵의 덩어리 같은 적막이다. 그 적막은 자기 자신을 내면으로 향하게 하고, 자연과 가까이하게 하는 접속부사이다. 사람이 입을 닫으면 자연이 입을 연다는 금언을 잊지 말 일이다.

삽화 | 송영방
동양화가. 서울대학교 동양학과를 졸업하고 동국대학교 예술대학장을 역임했다.
현재 동국대학교 명예교수.

## 암자로가는 길 2

**초 판 1쇄 발행**  2010년 10월 18일
**초 판 3쇄 발행**  2023년  8월 29일

**지은이**  정찬주
**펴낸이**  정중모
**펴낸곳**  도서출판 열림원

**등록**  1980년 5월 19일(제406-2003-026호)
**주소**  경기도 파주시 회동길 152
**전화**  031-955-0700  |  **팩스**  031-955-0661
**홈페이지**  www.yolimwon.com  |  **이메일**  editor@yolimwon.com
**인스타그램**  @yolimwon

ⓒ 2005, 정찬주

* 이 책에 수록된 본문 내용 및 삽화와 사진들은 저작권법에 의해 보호받는 저작물이므로
  무단전재와 무단 복제를 금합니다.

**ISBN**  978-89-7063-670-2  03810
책값은 뒤표지에 있습니다.